Moritz Rinke

Republik Vineta

Texte • **Medien**

Moritz Rinke

Republik Vineta

Ein Stück in vier Akten

Erarbeitet von Peter Bekes
und Heinz Reichling

Schroedel

Texte • **Medien**

Herausgegeben von Peter Bekes und Volker Frederking

Druck A 1 / Jahr 2005
Alle Drucke der Serie A sind im Unterricht parallel verwendbar.

Redaktion: Franziska Voigt, Hamburg
Herstellung: Barbara Frankhuizen
Reihentypografie: Iris Farnschläder, Hamburg
Satz und Repro: UMP Utesch Media Processing GmbH, Hamburg
Druck: Clausen & Bosse, Leck
Titelbild: Christo und Jeanne-Claude: Surrounded Islands, Umsäumte Inseln, Biscayne Bay, Greater Miami, Florida, 1980–83
Foto: Wolfgang Volz

Das Texte • **Medien** -Programm zu »Republik Vineta«:

3-507-47014-4 Textausgabe mit Materialien
3-507-47114-0 Arbeitsheft
3-507-47214-7 Informationen für Lehrerinnen und Lehrer

Informationen und Materialien im Internet
www.schroedel.de/textemedien

ISBN 3-507-47014-4

Inhalt

Stadtplanung

Utopien

Sprachliche und dramatische Gestaltung

Wirkung und mediale Gestaltung

Dem Schauspieler Ulrich Matthes gewidmet

Personen

Hans Montag
Johann Behrens
Fritz Feldmann-See
Lutz Born
Klaus Hagemann
Sebastian Färber
Robert Leonhard
Nina Seiler
Ursula Feldmann-See
Rosa und Rosana Seligmann, kommend aus Amerika

Zeit

Das Stück spielt heute.
Zwischen dem 1. Akt und dem 4. Akt liegen etwa 5 Wochen.

Moritz Rinke

Republik Vineta 2000

Ein Stück in vier Akten

1. Akt

Ein großer Raum. Halb links eine Konferenztafel mit sechs Stühlen. Eine riesige Pinnwand mit Plänen, Skizzen, Seekarten, Zahlen. Dahinter weht leicht ein Vorhang, und es ist, als höre man draußen das Rauschen eines Waldes oder die Wellen eines Meeres. In der Mitte hinten eine offen stehende, große, renovierungsbedürftige Flügeltür. Daneben ein baufälliger Kamin mit Sessel. Irgendwo im Raum ein Kaffeeautomat. Hinten rechts eine große, schon etwas poröse Marmortreppe, die auf die Galerie führt und zu den oberen Zimmern. Vorne links an der Seite ein offener Eingang. Von oben herab hängt ein alter Kronleuchter. Jetzt von links herein Sebastian Färber mit Mantel und Koffern. Er schaut sich um. Er geht auf die Marmortreppe zu. Schaut hinauf. Wartet. Geht zur Flügeltür. Steht insgesamt etwas indisponiert im Raum und sieht plötzlich Nina Seiler, die oben von der Galerie kommend mit einem Stuhl – darauf große, zusammengerollte, an ihrem Körper abgestützte Papierbögen und eine Tüte Milch – zur Treppe läuft. Ihr folgend: Hans Montag.

poröse **löchrige**
Galerie **erhöht liegender Laufgang**
indisponiert **hier: unpassend; fehl am Platz**

Montag Wissen Sie, es ist so schwer auszudrücken, aber durch Sie, da bekomme ich diese Bilder. Also, das sind so Erinnerungen, die ich eigentlich gar nicht haben kann, unmöglich haben kann. Hab ich aber! Es ist vielleicht ein Zauber, ich versuche es auszudrücken!

Nina *(bleibt stehen)* Lieber Hans Montag. Ich bin etwas in Eile, wenn Sie's einfach in einem Satz sagen könnten.

Montag Gut, hier ist der Satz: Ich spreche gerade mit einer Frau, die kurze Zeit später meine Mutter wird!

Nina läuft weiter die Treppe herunter.

Montag Erschrecken Sie nicht! Ich sagte doch: Es ist ein Zauber! Wenn ich Sie da jetzt zum Beispiel so langlaufen sehe, dann habe ich das Gefühl, ich wäre mein eigener Vater auf einem Schwarzweißfoto und Sie …

Nina Herr Montag, bitte! Ich trage einfach nur einen Stuhl die Treppe hinunter. Ich weiß nicht, was das mit Ihrer Mutter zu tun haben soll. Das ist vielleicht ein Job hier! Sagen Sie mir lieber, was eine »FA« ist? Hagemann wirft mit Begriffen um sich, die versteht doch kein Mensch! Hier, die Milch!

Montag Sie sind eine zeitlose Frau. In Ihnen vereinigen sich Vergangenheit, Zukunft und Gegenwart. Schließe ich die Augen, sehe ich Sie aus der Haustür meiner Kindheit gehn. Öffne ich sie: Stehen Sie da in heutiger Farbe. Nur das wollte ich sagen. Eine FA ist eine Fehleranalyse. Danke. *(Geht oben auf der Galerie ab)*

Nina läuft die Treppe herunter. Färber geht schnurstracks diagonal durch den Raum, damit sie denkt, er sei nicht Zeuge dieser Szene geworden, sondern just zur Tür herein und augenblicklich angekommen. Sie stoßen fast zusammen.

Färber Oh. Entschuldigung. – Guten Tag. Ich bin gerade angekommen. Ich dachte, ich müsste vielleicht diese Treppe hinauf?

Nina Guten Tag. – Sind Sie …

Färber Ja, bin ich.

Nina Nina Seiler.

Färber Guten Tag. *(Stellt seine Koffer ab. Will ihr die Hand geben, was nicht geht, sonst müsste sie alles fallen lassen)*

Nina Guten Tag. Das wär jetzt ein bisschen kompliziert. Ich wollte gerade einen Stuhl da hinstellen. Der ist für Sie gedacht. *(Geht weiter)*

Färber *(geht hinterher)* Darf ich Ihnen etwas abnehmen?

Nina Geht schon. *(An der Konferenztafel)* Möchten Sie hier sitzen? Er wollte nämlich, dass Sie an seiner Seite sitzen. *(Platziert den Stuhl. Nimmt die Papierrollen)*

Färber Ja. Gut. Danke. – Guten Tag. *(Gibt ihr die Hand)*

Nina Guten Tag. Ich rufe jetzt Herrn Leonhard und sage ihm, dass Sie schon da sind. Bis später.

Färber Ja. Bis später.

Nina ab. Färber schaut die Konferenztafel hinunter. Er schaut auf die Pinnwand. Er geht wieder zur Marmortreppe. Nimmt aus seinem Mantel einen Zollstock und misst die Höhe der ersten Treppenstufe und der zweiten. Nimmt wieder seine Koffer. Er geht durch den Raum. Robert Leonhard kommt durch die Flügeltür, im Laufen eine Akte lesend.

Leonhard Entschuldigen Sie mich, komme gerade aus einer Besprechung. Ich hoffe, Sie hatten trotz dieses Unwetters eine gute Reise. Es dauert ja alles ein bisschen länger zu uns hier hinaus, aber von Gotha ist es ja dann nur noch ein halbes Stündchen mit dem Taxi. Wann haben Sie von Ihrer Berufung erfahren?

Gotha **Stadt in Thüringen**

Färber Gestern.

Leonhard Habe viel von Ihnen gehört. Leonhard.

Färber Färber. *(Stellt seine Koffer ab)*

Sie geben sich die Hand.

Napoleon → Seite 173

Leonhard Bedeutender Ort hier. Sehen Sie dort den Kaminsessel? In dem hat Napoleon gesessen. 1812. Zwischenstation. Er arbeitete hier am Konzept für die Russlandinvasion.

Färber In diesem Sessel?

Smolensk russ. Stadt am Oberlauf des Dnjepr

Menüservice Essensdienst

Leonhard Ja. Angriff über Smolensk. Ein paar Skizzen. Liegen oben. Es gibt sogar Pistolen. Original von Napoleon! Na gut. Zu Ihrem Zimmer, Nummer 12, geht es hier hinauf. Frühstück ist um acht im Speisesaal. Lunch und Dinner bestellen wir über einen Menüservice. Hier Ihre Schlüssel. Wie heißt es so schön: Handtücher, die Sie nicht mehr benutzen, lassen Sie einfach auf den Boden fallen.

Färber Was ist das für eine menschliche Treppe!

Leonhard Ja, eine sehr schöne Treppe, nicht?

Sie stehen vor der Marmortreppe.

Barock → Seite 173

Klassizismus → Seite 173

Leonhard Na, da kann ich ja endlich mal einen Experten fragen: Ist das eigentlich Barock?

Färber Klassizismus.

Leonhard Also doch.

Färber Als solche Treppen gebaut wurden, hielt man sich noch an das Schrittmaß. Ich persönlich bemesse das menschliche Schrittmaß auf 60 bis 65 Zentimeter, das sich bei ansteigendem Weg verkürzt auf die Hälfte, also circa 30 Zentimeter. Sie müssen sich das jetzt so vorstellen: Ein schöner menschlicher Treppenschritt bedarf davon noch einmal die Hälfte, also eine Stufenhöhe von höchstens 15 Zentimetern. Moment. Ich mach Ihnen eine Skizze! *(Zieht einen Stift)*

Leonhard Oh, nicht nötig. Schon verstanden. 15 Zentimeter. *(Macht Notizen in seine Akte)*

Färber Also 10 Zentimeter wären ideal! Wenn ich aber heute neue Gebäude betrete, dann stehe ich keinen Treppen mehr gegenüber, sondern, ich würde sagen: Leitern! Weil, die Schrittlänge, die geht ja praktisch gegen null, also senkrecht. Natürlich kommen Sie mit so einer Konstruktion im Prinzip früher nach oben. Aber wie?!

Leonhard Herr Färber, würden Sie Ihre Arbeit eigentlich als revolutionär bezeichnen? Ich sage revolutionär, weil, ich habe irgendwo gelesen: Färber, also Sie, stehen für die »Gegenmoderne«.

Gegenmoderne
→ Seite 173

Färber Ich weiß nicht, wer das geschrieben hat, aber ich würde ja nicht so lange über eine Treppenstufe reden, wenn ich damit nicht generell meine: Die Gegenmoderne ist der Kampf gegen das rein zweckhafte Denken. Sie ist ihrem Wesen nach eine Revolution der Neuen Rückbesinnung.

Leonhard macht Notizen. Nina mit großen weißen Papierbögen und Klebeband.

Leonhard Ja, das ist Nina Seiler, ich würde sagen, die Seele des Hauses. Sie haben sie ja schon kennen gelernt.

Färber Ja. – Hallo.

Nina Hallo. Wir haben uns jetzt schon ungefähr siebenmal begrüßt.

Sie schauen sich an.

Leonhard Aha. Also sie wehrt sich gegen etwas, das um sich greift, und will irgendwohin wieder zurück, wo es einmal besser war?

Nina klebt die Bögen an die Pinnwand.

Färber Entschuldigung. Wer will jetzt genau wieder zurück?

Leonhard Na, die Neue Rückbesinnung, dachte ich.

Färber Genau! Da haben Sie Recht. *(Geht mit Koffern die Treppe hoch)* Schauen Sie! Bei den Treppen fangen wir an! Es geht doch darum, dass die Menschen auch während des Steigens wieder an etwas anderes denken als an das: Wie lange noch? Die Philosophen haben, während sie in Rom ihre Hügel bestiegen, ganze Weltentwürfe durchdacht. Steigen Sie mal heute eine x-beliebige Treppe hoch, und versuchen Sie zu denken: Wie sind die Sterne entstanden? Der Himmel und die Erde? Warum tauchten Pflanzen und Tiere auf, und wie war das, als sich die Menschen auszubreiten begannen? – Soll ich die Bögen halten, und Sie kleben?

Nina Danke. Ich glaube, es geht schon.

Leonhard Herr Färber, gut, dass Sie bei uns sind. Ich könnte mich stundenlang mit Ihnen über diese Treppe unterhalten, aber ich muss das Plenum vorbereiten. Nina, erinnern Sie mich, dass um kurz nach drei die Lloyd-Werke anrufen, die haben Nachrichten für uns.

Plenum Versammlung aller Mitglieder

Nina Okay, mach ich, Herr Leonhard. Hier ist ein Brief aus Amerika. Von einer Rosa Seligmann, Kalifornien, an Villa Seligmann, zu Händen Robert Leonhard. Verstehen Sie das? Wieso denn Villa Seligmann?

Leonhard Gib her.

Nina *(zu Färber)* Bis später. *(Geht)*

Leonhard *(schaut auf den Brief)* – So. Ich werde Sie um drei mit dem Team bekannt machen. Geht das mit den Koffern?

Färber *(misst)* Großartig. Überall 10 Zentimeter eingehalten!

Leonhard Nach der letzten Stufe bitte nach rechts. Nummer 12. Also hier um drei. Willkommen, Herr Färber.

Färber Danke. *(Er geht auf der Galerie ab)*

Leonhard will den Brief öffnen. Auf der Galerie, gegenüber der Treppe, geht die Tür auf, und Johann Behrens im Anzug läuft feierlich die Treppe hinunter.

Behrens *(im Hinunterlaufen)* Herr Dr. Leonhard, ganz im Vertrauen, ich habe mir das überlegt: In Weinheim werde ich in zwei Jahren alles erreicht haben, und dann müssen neue Herausforderungen her. *(Bleibt stehen)* Lassen Sie es mich so sagen: Einer meiner Grundsätze war immer, das Leben nach vorne hin ereignisoffen zu gestalten. *(Läuft weiter)* Das heißt: Wenn Vineta steht, werde ich vor Ort sein, wenn man denn will. *(Kommt unten an)* Kurz: Ich kandidiere!

Vineta
→ Seite 173

Leonhard Herr Behrens, es ist ja noch ein bisschen hin, aber was wir brauchen, ist ein Kandidat, der von der ersten Stunde an für diese Idee gelebt hat.

Behrens *(feierlich)* Herr Dr. Leonhard, schon als ich den ersten Bebauungsplan dort an der Pinnwand hängen sah: …

Leonhard Ich muss Ihnen allerdings gleich sagen: Die Delta AG entscheidet. Man hat Sie für die Planungsgruppe ausgesucht, aber wen die dann am Ende vor Ort …

Behrens Das weiß man nie. Aber die werden ja nicht Sie für den Kopf der Planungsgruppe ausgesucht haben, ohne Sie dann am Ende zu fragen, ob Sie denn vielleicht eine besondere Empfehlung …

Leonhard Schon klar.

Behrens Zigarre?

Leonhard Nein danke.

Behrens Weinheim hat genau die Größe von Vineta! 50 Komma 8 Quadratkilometer! Ich meine, das kann doch kein Zufall sein? Hat mein Stellvertreter, Herr Klose vom Gemeinderat, angerufen?

Leonhard Soeben ist übrigens Färber eingetroffen.

Behrens Wer ist bitte eingetroffen?

Leonhard Ich sagte, Färber ist eingetroffen, der Berliner Architekt. Herr Behrens, das Projekt wird noch einmal kurzfristig eine andere Richtung nehmen. Färber steht für eine neue Tendenz. Eine Art Neue Rückbesinnung gegen das rein Zweckhafte, die mir, auch der Delta AG, geradezu einleuchtend erscheint für das, was wir am Ende verkaufen wollen. Es könnte also sein, dass sich hier der eine oder andere in Zukunft etwas zurücknehmen muss. Ist das klar?

Behrens – Ah ja, Sie sind der Kopf, klarer Fall, aber ich habe auch neue Ideen, Herr Dr. Leonhard. *(Erneut feierlich)* Ich habe zum Beispiel einmal nachgedacht über einen Tunnel. Stellen Sie sich vor: Wir bauen den größten europäischen Tunnel! Er verbindet Vineta mit dem Festland, wie Frankreich mit Großbritannien! Wir befördern die Menschen nicht nur im Luftraum. Wir befördern sie nicht nur auf dem Seeweg. Sondern, Herr Dr. Leonhard, unterirdisch, vor allem: Unterirdisch! Schauen Sie: Drei Ebenen der simultanen Beförderung: Erste Ebene: Luft. Zweite Ebene: Wasser. Dritte Ebene: …

simultanen gleichzeitigen

Leonhard Herr Behrens, ich spreche hier von der Gegenmoderne, und Sie kommen mir mit simultaner Beförderung. Auf Vineta steht noch nicht einmal ein einziges Verkehrsschild!

Montag mit sieben großen Sonnenblumen hereinlaufend. Er ist nass.

Montag Signorina Seiler? *(Sieht die anderen)* Mahlzeit. Also, ich dachte, Plenum wär erst um drei? – Es regnet. *(Zieht eng beschriebene Papierblätter aus der Tasche)* Es müsste ausnahmsweise ein Fax in mein Referat gesendet werden. Sehr eilig. Ist sie eher in diese Richtung oder von da nach dort? – Das Ministerium lässt ja bundesweit umstrukturieren: Moderne Kundenbereiche. Man sagt nicht mehr »Der Arbeitssuchende«, sondern »Der Kunde«. Gut. Finde ich ja sehr richtig. Nur muss ich aufpassen, dass meine Abteilung nicht im modernen Kundenbereich untergeht. Man baut ja nicht jahrelang Strukturen auf, um sie dann einfach so … Werde ich Krüger faxen. Und das hätte auch hier für uns ganz konkrete Folgen: Mein System ist der Zugriff auf eine Kartei-Kapazität von A bis Z. Wenn ich die aber jetzt von A bis F oder von F bis O …

Signorina ital. »Fräulein«

Leonhard Herr Montag, wieso laufen Sie hier mit Sonnenblumen herum?

Montag Die sind vom Feld. Der Sturm hat sie abgeknickt. Ich bewundere Blumen. Außerdem, jetzt, wo doch das Begrünungskonzept abgeschlossen ist, dachte ich, für jeden eine, symbolisch, sozusagen.

Leonhard Herr Montag, wie könnte man besser eine solche Etappe markieren? Verteilen Sie die im Plenum.

Montag Ich dachte, das steigert das Vineta-Gefühl?

Leonhard Steigert es, Herr Montag.

Behrens Könnte ich mal eben eine telefonische Freischaltung bekommen? Ich muss Klose Anweisungen geben, wenigstens einmal die Woche müsste ich Klose …

Leonhard Herr Behrens, wir sprechen gerade über das Vineta-Gefühl.

südexponierten nach Süden ausgerichteten
Membran hier: Filter

Montag Es werden jetzt in den südexponierten Standorten Baumreihen vor die Siedlungen gezogen, als luftreinigende und sauerstoffanreichernde Membran vor der Stadt. Ich habe die ganze Fachliteratur darüber gelesen.

Leonhard Sehr gut, Herr Montag. Sie müssten jetzt bitte anfangen, mir eine Liste derer zu machen, die das Konzept vor Ort umsetzen. Wie heißen solche Leute noch genau?

Montag Diplomagraringenieure, Herr Leonhard.

Leonhard Gut. Übermorgen habe ich zwanzig Diplomagraringenieure. *(Schaut auf den Brief. Öffnet ihn)*

Behrens Herr Dr. Leonhard, ich habe da einen Vorschlag zu machen. Das Begrünungskonzept ist abgeschlossen, aber wir haben noch gar nicht überlegt, welche Tiere einmal auf Vineta leben sollen. Bisher wissen wir nur etwas von Eidechsen im Norden und Zugvögeln im Sommer. Ich könnte mir zum Beispiel einen größeren Rehbestand vorstellen, überhaupt Säugetiere: Beuteltiere, Nagetiere. Konrad Lorenz hat einmal gesagt: »Das Paradies ist nur denkbar in einer Zukunft von Natur und Mensch.« Kurz: Was halten Sie von der Ausarbeitung eines Konzeptes für, meine Partei nennt das bundesweit: »Ökologie und Demokratie«? Also: Natur trotz Globalisierung!

Konrad Lorenz → Seite 173

Leonhard Wie bitte?

Behrens Äh. Natur trotz Globalisierung?

Globalisierung weltweite Ausdehnung der Produktion und des Handels

Leonhard Ah ja. Arbeiten Sie dieses Konzept aus. Herr Montag, faxen geht im Moment nicht. Die Leitung ist total überlastet. Wir sind über die Lloyd-Werke derzeit mit all unseren Schiffen verbunden. Sie können sich ja vorstellen, dass ich mir bei dem Wetter so meine Gedanken mache.

Montag Herr Leonhard, es regnet in mein Bett. Es tropft durch die Decke genau in mein Bett.

Leonhard Vermutlich hat das Dach bei dem Sturm Schaden

genommen. Sagen Sie der Seiler, sie soll einen Eimer hinstellen. Ich lasse die Handwerker kommen.

Behrens *(versucht zu lachen)* Im Prinzip grotesk. Wir arbeiten hier an einem Jahrtausendprojekt. Die Fachpresse verfolgt uns demnächst auf Schritt und Tritt, aber hier müssen wir einen Eimer unterstellen, weil es …

grotesk absonderlich

Leonhard Herr Behrens, solch ein Projektplanungsstab wie wir, ja?, der braucht einen abgeschiedenen Ort, wo man denken kann. Denken, Herr Behrens! So was können Sie nicht in irgendeinem Maritim-Hotel machen.

Maritim-Hotel Hotelkette

Behrens Natürlich, Herr Dr. Leonhard, das war ja auch keine Kritik, die Delta AG hat sich schließlich dabei etwas gedacht. – Ich bin heute Morgen mit Born durch die Sonnenblumenfelder gejoggt. Herrliche Gegend. Bergland mitten im Osten. Inspirierend! Hier könnte man sogar eine Kurstätte aufmachen.

inspirierend anregend, begeisternd

Montag Da auf meine Stirn hat es getropft. Ich glaube, sogar mehrere Stunden.

Behrens Ja, das ist ja eine bekannte Methode. Die Chinesen und die Kommunisten haben ihre Gefangenen mit Tropfen bearbeitet. Am Anfang haben die Gefangenen gedacht: »Ach, so'n Tropfen.« Aber wenn der dir 3000-mal auf die gleiche Stelle tropft, dann ist da ein Loch drin.

Montag Stellen Sie sich vor, ich hätte das nicht gemerkt? Ich denke die ganze Nacht an Vineta, ich gehe vor meinem geistigen Auge noch einmal von A bis Z die Bewerberprofile entlang, und plötzlich ist mein Kopf voller Regenwasser …

Bewerberprofile Anforderungen an Bewerber

Behrens Als Repräsentant einer Stadt, Herr Dr. Leonhard, muss man die verschiedensten Bereiche abdecken. Vor ein paar Monaten musste ich mit einem Buddhisten auf einer Informationsveranstaltung über Tibet und Mao sprechen, auch in meiner Funktion als Ehrenvorsitzender

Buddhisten → Seite 173
Tibet Hochland in Zentralasien
Mao → Seite 173

der Historischen Bibliothek. Und am selben Abend, da habe ich eine Ausstellung eröffnet über die Foltermethoden der Kommunisten. Ich habe auch im Katalog das Vorwort geschrieben. Als aufgeklärter Mensch muss man das.

Louvre berühmtes Museum in Paris
Guillotinen → Seite 173
nostalgisch sehnsüchtig nach Vergangenheit

Leonhard Herr Behrens, wenn ich heute in Paris bin, dann gehe ich nicht in den Louvre, sondern in das Museum, wo die Guillotinen stehen. Ich werde da einfach nostalgisch. Ich spüre dort die größeren Ideen. So. Ich lasse die Handwerker rufen. *(Geht)*

Behrens *(schaut ihm nach)* Vorbildlicher Projektleiter, finden Sie nicht? Ich glaube zwar nicht, dass das ein Sozialdemokrat ist …

Montag – Ich finde, er ist wie ein König. Wer ihm das Gefühl gibt, gern in seinem Reich zu leben, dem geht es gut.

Behrens Gestern war das Zentraltelefon schon wieder den ganzen Tag abgeschlossen. Dem Hagemann hat er jetzt das dritte Mobiltelefon auch noch weggenommen. Das war sein letztes. Ich weiß ja nicht, was der für Frequenzen hatte, aber ich lebe hier sowieso im totalen Funkloch. Meins ist im Schuhschrank versteckt. Ich versuche seit Tagen, nach Weinheim zu telefonieren, bei offenem Fenster, oben auf dem Dachboden, aber ich habe überhaupt keinen Empfang.

Montag Vielleicht liegt das an den tief hängenden Wolken? Als ich vorhin bei den Blumen war, da konnte ich die Wolken berühren. So. *(Zeigt es)* Einfach so, Herr Behrens.

Behrens Sie sind ein Träumer, Herr Montag.

Montag In meiner Position, da sehen Sie jeden Tag diese Menschen vorbeigehen. Sie sehen, wie die mit den Jahren ganz schwer und müde werden. Da will ich ihnen dann manchmal gern zeigen, dass es Dinge gibt, die auch ganz leicht sind und schön. Wenn ich zum Beispiel einfach das Fenster aufreißen und so machen könnte. *(Greift in die Luft)* Bitte. Eine Wolke.

Behrens Ein Arbeitsloser mit einer Wolke! Herr Montag, ich möchte Ihnen im Vertrauen etwas mitteilen, was vielleicht erst in Tagen im Team bekannt gegeben wird: Ich kandidiere!

Montag Glückwunsch. Was sagt die Familie?

Behrens Die weiß es noch gar nicht. Meine Frau sagt, ich soll sowieso lieber nach Hause kommen. Herr Montag, Sie könnten ja einfach mal in Gegenwart von Leonhard beiläufig erwähnen, dass Sie mich an seiner Stelle auf jeden Fall bei der Delta AG …

Montag Mach ich. Wissen Sie, Sie könnten doch zu ihr sagen: Hör zu, Kleines. Es ist eine Mission. Aber wenn ich wiederkomme, fahren wir irgendwohin und mieten ein Haus am Strand. Die Möwen werden über uns kreisen, und ich werde dir Fische fangen und sie mit Butter anbraten. *(Träumt)*

Behrens Zigarre?

Montag Kennst du die Niagara-Fälle?

Behrens Herr Montag?

Montag Wir fahren auf dem Highway Sixty-Six! Bob Dylan im Radio. Du hältst die Beine aus dem Fenster. In den Fahrtwind. *(Montag ist auf dem Highway.)*

Behrens Hallo??

Montag – Wie? Ja?

Behrens Zigarre?

Montag Oh, danke. Ich rauche heute nicht.

Behrens Ja, das haben Sie richtig gesagt: Es ist eine Sondermission. Wenn ich wiederkomme, Schatzi, bin ich Geschichte! – Sie auch, mein Lieber. Binden Sie sich mal die Krawatte richtig.

Mission **wichtiger Auftrag**

Niagara-Fälle **→ Seite 173**

Highway Sixty-Six **legendäre Fernstraße in den USA**

Bob Dylan **amerikanischer Folk- und Rocksänger (geb. 1941)**

Montag Wenn Sie mal eben die Blumen halten würden?

Behrens Kommen Sie her, bei mir ist das ein Griff. So! Außerdem gibt's ja auch satte Prämien von der Delta AG.

Montag Danke. Ich zieh uns einen Kaffee. *(Gibt ihm die Blumen)*

Behrens Haben Sie es schon gehört? Die haben noch einen Architekten geholt. Leonhard sagte, da wird sich was ändern, weil, der steht für was Neues.

Montag Was für Neues?

Behrens Keine Ahnung. Irgendwas Neues.

Montag *(am Kaffeeautomat)* Ist das Ihre Tasse?

Behrens Die blaue, bitte. Herr Montag, mal so von Mann zu Mann en passant. Ich habe heute Nacht die Seiler aus dem Zimmer von Lutz Born gehen sehen!

en passant nebenbei

Es ist plötzlich heftiger Durchzug im Raum. Fritz Feldmann-See in Uniform in der Flügeltür. Montag läuft seinen fliegenden Faxblättern hinterher.

Feldmann-See Ich sage Ihnen: Der Sturm ist morgen bei der Flotte, wenn er nicht schon längst da ist. Ich habe vor einer halben Stunde den Bericht angefordert, und ich müsste mich schon sehr täuschen, wenn der jetzt plötzlich … nee: der geht quer über Europa! Man kriegt ja einen Blick dafür, ob so einer an der nächsten Küste hängen bleibt oder ob der weiterwill. Es gibt welche, meine Herren, die haben Augen, klare Augen, denn im Zentrum dieser schrecklichen Kraft herrscht Windstille. Eine kreisrunde Windstille. Das ist das Auge, das guckt dich ganz ruhig an, wenn sie dir den Kahn unterm Arsch wegblasen! Das zwinkert dir sogar zu, wenn sie dich fertig machen! Da kannst du nicht mal mehr bis drei zählen! Auf dem Land, ja, aber doch nicht auf See! Auf See kannst du gar nicht so schnell gucken, wie sie dir das Deck polieren!

Behrens Mein Gott, schließen Sie doch das Fenster! Sollen wir hier alle wegfliegen!?

Feldmann-See tritt hinter die Flügeltür. Der Durchzug endet.

Behrens Was ist das für ein Mensch!? Wie aus einem anderen Jahrhundert. Manchmal glaube ich, der denkt, der ist hier auf'm Schiff.

Montag *(sortiert seine Blätter)* Das sind sehr wichtige Hinweise! Wenn Krüger umstellt auf Kundenbereich ohne diese Hinweise, dann versinkt meine Struktur! Am Ende soll ich dann wohl nur noch eine Kapazität haben von M bis O? Stellen Sie sich das vor: von M bis O! Dann heißen alle, die wir für Vineta einstellen, Meier oder Otto!

Kapazität **hier: Umfang**

Behrens 'tschuldigung. Man muss den Kaffeeautomat erst mal anschalten.

Montag Was?

Behrens Kaffee! Wir wollen Kaffee trinken!

Montag Stimmt. Kaffee. Ich drücke diesen Knopf. *(Drückt)*

Behrens Habe ich Ihnen eigentlich mein derzeitiges Verkehrsprojekt erläutert? Weinheim ist geteilt, durch den Bieberberg in Weinheim-Süd und Weinheim-Nord geteilt. Viele aber, die in Weinheim-Süd wohnen, arbeiten in Weinheim-Nord und umgekehrt, und man muss immer durch die Nachbarstadt Neuhausen, die westlich des Bieberbergs liegt. Was habe ich gemacht? Ich habe dem Rat einen Tunnel empfohlen. Wenn man Großbritannien mit Frankreich durch einen Tunnel verbinden kann, dann wird es doch wohl ein Leichtes sein, Weinheim-Nord mit Weinheim-Süd auch durch einen Tunnel zu verbinden! In der Presse wird schon seit einiger Zeit vom Johann-Behrens-Tunnel gesprochen, aber in der eigenen Fraktion sitzen mir plötzlich drei Gruppen von Gegnern im Nacken: Die erste Gruppe sagt: »Sie lassen den Bieberberg mal schön so, wie er ist! Wir fahren weiterhin über Neuhausen!«

Fraktion **Abgeordnete einer Partei**

Montag Wenn ich Sie mal kurz unterbrechen darf. Wieso kommt da jetzt eigentlich kein Kaffee raus?

Klaus Hagemann und Lutz Born kommen mit Tempo herein.

Hagemann *(zu Born, dabei auf und ab laufend)* Sie müssen Ihre Kollegen vor Ort einfach auf genaue Rückmeldungen festlegen. Mich interessiert ja gar nicht, wie die welchen Stein auf den anderen legen, aber wenn ich hier nicht jeden Tag über die wenigstens voraussichtliche Zeitdauer einer Korrekturmaßnahme informiert werde, ja: Warum mache ich denn das alles? In einem Projektstrukturplan steht, wann wo was fertig gestellt sein muss. Man kann den ändern. Klar. Aber man bräuchte einfach mal irgendeine terminorientierte Aussage über die Korrekturmaßnahme! Tag die Herren.

Behrens Tag. Wissen Sie, was ich glaube, Herr Montag? Da fallen gerade ungemahlene Kaffeebohnen in Ihre Tasse.

Born Hagemann, Sie haben Recht, aber ich bin nun mal nicht Bauleiter vor Ort, sondern geb Anweisungen von hier. Wenn ich da draußen wär, dann könnten Sie Ihren Plan auf die Minute ausrechnen, aber ich kann nicht alles selber machen. Feldmann-See ist übrigens in Sorge wegen dem Wind. Eventuell müssen die Schiffe einen anderen Kurs … Können Sie mal einen Moment stehen bleiben?

Hagemann Ich hab Ihnen schon hundertmal gesagt, dass ich diese Rumsteherei ablehne. Bewegungen erzeugen Tempo. Tempo fordert prägnante Setzungen. Sein ist Tun. Tun ist Tempo. Formulieren Sie Ihr Ziel in einer Minute, und Sie erreichen es! Schluss mit diesem stundenlangen Es-wäre-so-schön-wenn! Das Gleiche gilt für Korrekturmaßnahmen. Wie habe ich General Motors beraten? *(Malt drei Kreise auf die Pinnwand: FA, ZD, KM – und zieht durch sie hindurch einen Pfeil nach rechts)* Fehleranalyse. Zieldefinition. Korrekturmaßnahme. Zack. Zack. Zack. *(Zu Montag)* Sie müssen auf Mokka drücken!

Born Okay, die Entwässerung dauert, schätze ich, zehn Tage länger. Es hat keinen Sinn, vorher zu planieren. Die Situation ist die: Wenn die Schiffe eintreffen, können die Baumaschinen noch nicht entladen werden, die stehn dann im Weg rum.

planieren **ebnen**

Hagemann Scheiße! Die Schiffe sollen da zehn Tage sinnlos herumankern?! In der Zeit können die schon die nächste Ladung holen!

Born Geht nicht anders.

Hagemann *(nimmt eine Pille)* Ich darf gar nicht daran denken. Schiffe, die zehn Tage bewegungslos herumliegen, das ist grundsätzlich so was von absurd! Schauen Sie, kleiner Exkurs: *(An der Pinnwand)* Wenn Sie zwei Punkte haben, A und B, dann wird der Sinn immer mehr die Bewegung dazwischen sein. Hier in A abzufahren, um dort in B anzukommen, das interessiert bald niemanden mehr! Allenfalls um von dort sofort wieder nach hier zu fahren oder gleich nach C oder D! Die neue Gesellschaft wird eine mobile Gesellschaft zwischen allen Punkten sein! Klar? Das geht aber nicht, wenn wir zum Beispiel Schiffe haben, die sich überhaupt nicht von der Stelle rühren!

absurd **sinnlos, abwegig**

Behrens Interessant, Herr Hagemann, aber werden wir dann noch Städte brauchen? Ich frage Sie: Warum sollte ich in A, B oder C einen Lebensraum gestalten und verwalten, wenn die Menschen plötzlich dazwischen sind?

Montag Sagen Sie mir doch lieber, wie dieser blöde Kaffeeautomat funktioniert.

Hagemann Da haben Sie Recht, Behrens. Macht ja auch bald keiner mehr. Sie müssen jetzt einfach mal umdenken und überlegen, wie Sie den Lebensraum eben genau dazwischen gestalten: Zwischen A, B oder C, da, wo ich jetzt das Ausrufezeichen hinsetze, da wird die Zukunft liegen!

Globalisierungsfalle
→ Seite 173

Behrens Herr Hagemann, ich halte das für eine Globalisierungsfalle.

Born Wenn Sie nichts dagegen haben, würd ich mal gern ein paar Worte zur Entwässerung sagen.

Hagemann Ja, wenn ich morgens auf Flughäfen lande und den letzten Schluck Tomatensaft trinke, sehe ich ab und an in einer dieser riesigen Garagen ein abgestelltes Flugzeug stehen. Wenn ich aber abends wieder abfliege, und das Flugzeug steht da immer noch, dann kriege ich Beklemmungen, Schweißausbrüche! Dann denke ich, bevor sie dich irgendwann in ein Altersheim stecken, bringst du dich lieber selber um!

Feldmann-See mit vom Wind zerzaustem Haar.

Feldmann-See Wo ist denn jetzt die Seiler hin?

Knoten Geschwindigkeitsmaß auf See

Hagemann Sagen Sie mal, wie viel Knoten fahren eigentlich Ihre Schiffe, Feldmann-See?

Feldmann-See Sagen Sie nicht immer so überbetont FELDMANN. Sie können SEE genauso betonen wie Feldmann.

Hagemann *(zu Born)* Habe ich Feldmann überbetont?

Feldmann-See Sie werden sich noch wundern. Hier. Hab ich Ihnen mitgebracht. Das ist ein Meilenzähler, der zählt englische Meilen, den können Sie sich ans Bein binden. Und das, das ist ein Radiergummi. Der radiert sogar Filzstifte. Gucken Sie mal. *(Radiert an der Pinnwand)* Jetzt ist das A weg. *(Radiert auch das B weg)* Und da Ihnen das A oder das B wahrscheinlich scheißegal sind, und Sie es eher, wie ich Sie kenne, hier mit dem Zeichen dazwischen haben, radier ich Ihnen auch noch mal eben das Ausrufezeichen weg. *(Radiert es weg)* Damit kann man wirklich alles wegradieren, wenn man merkt, dass man das Leben und die Wahrheit nicht auf eine Pinnwand kriegt. Herr Hagemann, und wenn Sie noch einmal Ihren Schwachsinn auf meine Seekarten kritzeln, hau ich Ihnen eins in die Fresse. Schöne Blumen, Herr Behrens.

Montag Herr Behrens, das ist jetzt definitiv Kamillentee!

definitiv **endgültig, ganz sicher**

Leonhard und Färber oben auf der Treppe.

Leonhard Ich begrüße Sie zum Drei-Uhr-Plenum.

Sie gehen beide die Treppe hinunter. Alle anderen folgen an die Konferenztafel. Man nimmt die Plätze ein.

Leonhard Ich möchte Ihnen zunächst Herrn Färber vorstellen. Sebastian Färber von Scheffel & Partner, einem der größten Architekturbüros in Berlin.

Färber Guten Tag.

Leonhard Klaus Hagemann von Kaufmann Consulting Art, Projektmanagement Düsseldorf.

Consulting **engl. »Beratung«**

Hagemann Guten Tag.

Leonhard Hans Montag, Leiter der Zentralstelle Internationale Arbeitsvermittlung, Nürnberg.

Montag Guten Tag.

Leonhard Fritz Feldmann-See, Leitender Kapitän der Reederei Lloyd Frachtverkehr, Hamburg.

Feldmann-See Ich grüße Sie.

Leonhard Johann Behrens, Bürgermeister der Stadt Weinheim.

Behrens Hocherfreut. Herr Dr. Leonhard, ein neuer Vorschlag, ich würde fast sagen: eine Vision! Zur Eröffnung des Themenparks spielen die Beatles!

Leonhard Gleich, Herr Behrens. Das ist Lutz Born, Ingenieur der Benn-Bau-Gruppe Berlin. *(Born schweigt.)* Herr Behrens wird jetzt Sonnenblumen verteilen, als kleines Zeichen, von Herrn Montag gedacht, zum Abschluss des Begrünungskonzeptes und der Biotopvernetzung. Zum aktuellen Projektstand: *(Zeigt auf einen großen Plan an der Pinnwand)* Das offizielle Bauleitplanverfahren ist am Mittwoch von allen aus- und inländischen Behörden genehmigt worden und läuft jetzt intern als Projektstrukturplan unter der Federführung von Herrn Hagemann. Zum Themenpark wird uns aus immer weiteren Städten weltweit Unterstützung zugesagt. Abgeschlossen sind vor Ort die Vermessungsarbeiten, die Entwässerungen laufen, die Schiffe sind unterwegs, wir stehen kurz vor der Fundamentlegung. Alles in allem: sehr schön. Probleme habe ich nur, und ich sage es ungern, mit dem kompletten urbanen Bebauungskonzept. Meine Herren: Es gefällt mir einfach nicht mehr. *(Zu Behrens)* Meine geben Sie bitte Herrn Färber.

urbanen städtischen

Born steht bleich auf. Hagemann will etwas sagen.

Leonhard Herr Born, verteilen Sie die Musikinstrumente! *(Zu Färber)* Es wird Sie vielleicht etwas wundern, aber ich möchte, dass meine Mitarbeiter lernen zusammenzuspielen und nicht gegeneinander.

Born gibt Hagemann und Behrens eine Flöte, Montag eine Trommel und Feldmann-See ein Zupfinstrument. Er selbst nimmt auch eine Flöte.

Leonhard Also: eins, zwei, drei …

Sie spielen eine erkennbare Melodie.

Hagemann und Born mit unterdrückter Wut und daher großen Konzentrationsschwächen. Montag hingegen mit zunehmender Freude und einem Harmoniebemühen. Behrens flötet sich in den Vordergrund, Feldmann-See zupft am Instrument ganz für sich. Dann: Nina stürzt herein mit einem Schreiben.

Nina Entschuldigung!

Leonhard Frau Seiler, wir sind mitten im Plenum!

Nina Lloyd hat soeben gemeldet: Katastrophale Witterungsbedingungen! Sechs Frachter haben gewendet, aber die Star-Cross meldet Risse in der Bugschürze!

Feldmann-See *(springt auf)* Da! Da ist er! *(Geht auf Hagemann los)* Der Hetzer! Sie Mörder!

Hagemann Kommen Sie mir einen Schritt näher! Ich geh vors Arbeitsgericht! Ob die Schiffe rausgehen oder nicht, das ist Ihre Sache! *(Zu Leonhard)* Er hätte sich ja weigern können.

Feldmann-See rennt raus.

Montag Was heißt denn das: Risse in der Bugschürze?

Bugschürze **unterer Vorderteil eines Schiffes**

Born Was haben die denn noch gesagt!? Schaffen die das zurück?!

Behrens Meine Herren! Zunächst möchte ich erst einmal klären: Was haben wir denn geladen, ich meine, auf dem mit der Bugschürze?

Born Mensch! 60 Planierraupen! 2500 Betonpumpen! Baustoffe für die Siedlungsgebiete im Werte von was weiß ich! Schauen Sie auf die Pinnwand!

Hagemann Kurzer Zwischeneinwurf: Wie viele Schiffe besitzt die Reederei Lloyd?! Ich sage das deshalb, weil die Problemdefinition, PD, die ist doch wohl allen klar! Wichtig ist jetzt die Lösungsauswahl, LA!

Heftiger Durchzug. Feldmann-See in der Flügeltür.

Feldmann-See Schweigen Sie! Hagemann! Risse in der Bugschürze! Ich habe Sie gewarnt! Warum konnten wir nicht warten?! Bei dem Wetter! Stärke 11 auf der Beaufort-Skala! Ich muss Ihnen ja nicht erklären, Hagemann, was das heißt: Risse in der Bugschürze! Das heißt: Wie lange hält jetzt die Laderampe?!

Beaufort-Skala → Seite 173

Hagemann Er versteht noch nicht, wer hier wo Fehler macht! Es gibt Sturmwarnungen, Schiffe mit schlechten Bugschürzen, man kann auch Schiffe überladen …

Behrens Meine Herren! Gegenseitige Schuldzuweisungen bringen gar nichts. Es ist, wie es ist, und ich frage deshalb: Auf welchem Schiff ist denn jetzt Lenin?

Lenin → Seite 173

Nina – Lenin ist auf der Star-Cross. *(Schaut Leonhard an)*

Leonhard Entschuldigen Sie mich. *(Ab)*

Montag Wir reden hier über Lenin und Planierraupen, aber da draußen, da sind auch richtige Menschen an Bord. Techniker. Monteure. Baugeräteführer. Die habe ich alle von hier geordert. *(Setzt sich)*

geordert bestellt

Telefon. Nina läuft hinter die Flügeltür. Kommt mit einem Hörer.

Nina *(zu Feldmann-See)* Für Sie. Lloyd hat angerufen und über Funk weitergeschaltet, UKW 16!

Feldmann-See *(in den Hörer)* Hello! *(Hört)* – Star-Cross!? This is Captain Feldmann-See! Received Mayday! I repeat Mayday! *(Hört)* – – Distress position: 54 degrees 47 minutes North. 014 degrees 22 minutes East. *(Zu sich)* Mittendrin! *(In den Hörer)* I repeat: Danger of flooding! Close the bulkheads! Over. *(Zu den anderen)* Gefahr des Wassereinbruchs! Schotten schließen! *(In den Hörer)* Do you have a loss of stability?! Over! *(Zu den anderen)* Ich frage: Gibt es Stabilitätsverlust? *(Hört)* – – Keine Antwort! Kippen sie backbord?! Kippen sie steuerbord?! Ich hol die da raus! *(Zu Montag)* Werde über Lloyd Rettungshubschrauber aussenden. Wenn die Star-Cross sinkt, sinkt sie erst in drei Stunden. Halte Sie auf dem Laufenden! *(Ab)*

bulkheads **verschließbare Schotten in Schiffen**

backbord **linke Schiffseite**
steuerbord **rechte Schiffseite**

Behrens Also, ich war immer dagegen, das Ganze auf dem Seeweg zu befördern.

Born Soll'n wir vielleicht Planierraupen und Facharbeiter aus der Luft abwerfen?!

Hagemann Behrens! Erst planieren, dann Flughafen! Wir können doch nicht auf der Wiese landen! *(Zu Born)* Habe ich richtig gehört: Das urbane Bebauungskonzept gefällt ihm nicht mehr?!

Behrens Herr Färber, ich war deshalb gegen den Seeweg, weil, wenn jetzt der Lenin sinkt, dann stehen wir international so was von blöd da, den hat uns der russische Botschafter für den Themenpark …

Born Mir ist doch der russische Botschafter scheißegal! Mach doch einer mal das Fenster zu! Es zieht!

Behrens Herr Färber, ich möchte Ihnen diese Blume überreichen. Wenn Sie die eine oder andere Frage haben, ich bin Bürgermeister der Stadt Weinheim, und wir alle überlegen, ob ich in Vineta als Stadtdirektor …

Leonhard kommt.

Leonhard *(verliert die Beherrschung)* Herr Behrens, es ist, glaube ich, nicht die Zeit, Ihre Kandidatur bekannt zu geben!

Schweigen.

Leonhard Es tut mir Leid, Herr Färber, jetzt sind Sie gleich mitten in eine Krise geraten.

Färber Ja. Aber wir müssen nur alle unseren Glauben zusammennehmen und sagen: So etwas kann jetzt gar nicht passieren. Das Schiff wird nicht sinken!

Der heftige Durchzug endet. Schweigen.

Born Hagemann, ich glaube, wir sollten nochmal über Ihren Strukturplan sprechen. Wenn das Ding jetzt platzt: Sechs Wochen? Zehn Wochen? Ich muss praktisch mit der ganzen Betonoberfläche warten.

Färber Entschuldigung. Wurden denn vorher Bodenproben entnommen?

Born Was?

Hagemann *(an der Pinnwand, um Souveränität bemüht)* Die gesamte PZ beträgt zwei Monate. Die PZ besagt, dass eine zeitliche Verlängerung um diesen Wert keine Verlängerung der GPD, Gesamtprojektdauer, zur Folge hat. Das heißt: Wenn Star-Cross sinkt, okay, teuer, aber immerhin noch in der PZ.

Nina *(zu Färber)* Pufferzeit.

Pufferzeit Zeitraum zur Sicherheit

Leonhard Herr Hagemann, sagen Sie doch einfach uns zuliebe Pufferzeit statt PZ, ja? Geht das? Habe ich Sie also richtig verstanden? »Wenn die Star-Cross sinkt, okay, teuer, aber immerhin noch in der Pufferzeit«?

Hagemann *(nimmt eine Pille ein)* Richtig, Herr Leonhard. Und sagte Born nicht, 10 Tage Verzögerung wegen der Entwässerung? Na, da macht das Ganze doch wieder Sinn, Herr Leonhard. Es ist besser, wenn Schiffe aus einem Sturmtief zurückgezogen werden, als wenn sie sinnlos auf der Stelle stehen und auf Borns Entwässerung warten. Montag, es wäre gut, wenn wir heute noch im Recruiting weiterkämen. Potenzialerfassung. Anforderungsprofile. Auswahlentscheidungen. *(Schreibt quer über die Seekarten: PE } AP } AE)*

Recruiting Anwerbung von Leuten
Potenzialerfassung Erfassung der Fähigkeiten

Geht flott ab.

Leonhard Herr Hagemann, Moment! Es ist Ihnen doch klar, dass ich im Namen der Delta AG einen Untersuchungsausschuss einberufe, wenn die Star-Cross sinkt.

Hagemann hält sich an der Tür fest.

Leonhard Schauen Sie, es ist einfach sonderbar, dass Feldmann-See so eindringlich von schlechten Witterungsbedingungen sprach, die Schiffe aber trotzdem rausgingen. *(Nimmt ihm beiläufig die Pillenpackung weg)*

Hagemann – Aber Sie haben doch selber das Okay an Lloyd faxen lassen?

Leonhard Nachdem Sie mir eine Hausmitteilung mit dem Einverständnis vom Käpten übergaben. Sehen Sie, Herr Hagemann, das müssen wir eben einfach klären. Und dann noch etwas: Ich möchte, dass Sie ab sofort Ihre PZ-AX-YZ-Technik einstellen und stattdessen Visionen entwickeln, sonst schmeiß ich Sie nämlich raus. Und zwar noch bevor die Star-Cross den Meeresboden erreicht. Klar?

Hagemann ab.

Montag – Sagten Sie vorhin, zwanzig Diplomagraringenieure, Herr Leonhard?

Leonhard Richtig, Herr Montag.

Montag *(in der Tür. An alle, aber vermutlich speziell an Nina gerichtet)* Es gibt eine alte Fotografie, auf der mein Vater aus einem sturmbewegten Meer steigt. Eine Frau auf seinen Armen. Ihr Haar blond, die Lippen zittern, der Kopf auf seinen Schultern. Dies als gutes Omen für uns alle. Stellen Sie einen Eimer in mein Zimmer. Es tropft. *(Ab)*

Telefon. Nina läuft hinter die Flügeltür. Kommt mit dem Hörer.

Nina Das Amt für offene Vermögensfragen?

Leonhard Ich kann jetzt nicht! *(Nina mit Hörer ab)*

Behrens Wir müssen in dieser Phase alle einen kühlen Kopf behalten. Herr Dr. Leonhard, ich glaube, dass es vielleicht wirklich möglich wäre, an Ringo Starr von den Beatles heranzukommen, stellen Sie sich vor, wenn die dann wieder vereinigt im Themenpark … zu zweit …

Leonhard Herr Behrens, würden Sie jetzt einfach mal abgehen. – Raus! Sie auch, Herr Born. Raus hier! Weg! Weg!

Behrens, Born ab.

Leonhard Herr Färber, bleiben Sie. Wir treffen uns um Viertel nach vier in meinem Büro. Dann zeige ich Ihnen die bisherigen Bebauungspläne. *(Ruft)* Nina? Entschuldigen Sie mich. Es könnte sein, dass wir schon Neuigkeiten haben. *(Ab)*

Färber steht etwas verloren im Raum. Nina kommt zurück.

Färber – Hallo.

Nina Hallo. – Ziemlich hektisch hier, was? – Ich fand das so schön, wie Sie vorhin sagten: »Wir müssen nur alle unseren Glauben zusammennehmen.«

Färber Ja. *(Krümmt sich)*

Nina – Herr Färber, was ist denn!?

Färber Geht gleich wieder. – Danke. Geht wieder. Darf ich Sie etwas ganz direkt fragen?

Nina Ja. Klar.

Färber – Was passiert hier eigentlich?

Nina Also, sechs Schiffe sind gestern Abend gestartet: die Harrison, die Princess Victoria, Breaker of the Waves eins und zwei, die Lukretia, die Camperdown und die Star-Cross. Umgekehrt sind die Harrison, die Victoria und die …

Färber Entschuldigung, aber wo wollen denn diese Schiffe alle hin?

Nina *(vorsichtig)* – Na, nach Vineta. Das finde ich ja seltsam, Sie wissen gar nicht …

Färber Ich bin sehr kurzfristig berufen worden. Man sagte nur: Planungsstab, dringendes Projekt. Ich konnte die Koffer kaum packen. Es wäre schön, wenn Sie …

Nina Die Insel, auf der die Stadt gebaut werden soll, heißt Vineta. Das ist der Arbeitstitel.

Färber Aha.

Nina Die Benn-Bau-Gruppe, also die, wo Born ist, das ist doch eine Tochtergesellschaft von der Delta AG, und die haben mit den Lloyd-Werken fusioniert, die wiederum von Kaufmann Consulting Art beraten werden. Und die, also Hagemanns Firma, die haben irgendwie … Also wie die jetzt zum Beispiel genau an Hans Montag rangekommen sind, weiß ich auch nicht, die fusionieren ja jetzt alle. Herr Leonhard sagt immer: »Wir leben in einer Zeit der Totalfusion! Man kommt mit Leuten zusammen, die man früher nie getroffen hätte.«

fusioniert sich vereinigt

Färber Eine Frage noch: Diese Insel …

Nina Die Delta AG hat sie von einem Baron gekauft und Herrn Leonhard mit der Planung beauftragt. Hey, ich habe Bilder gesehen! Auf der einen Seite: die Bretagne. Auf der anderen: Italien. Und in der Mitte: Schottland. Es gibt so eine Art Bucht, das war früher mal der Hafen, da stehen nur fünf Fischerhütten und ein Leuchtturm, sonst ist da nichts auf der ganzen Insel, ist das nicht wahnsinnig? Leonhard hat so große Ideen: Er will einen Themenpark eröffnen mit dem Titel: »Die untergegangenen Träume«. Er hat in der ganzen Welt Städte angefragt, ob sie für dieses Projekt irgendetwas aus der Geschichte ihrer vergangenen Träume beisteuern könnten. Eigentlich ist das mit den Beatles gar nicht so schlecht! Leben die denn noch? Okay, aus Sankt Petersburg haben wir diese riesige Lenin-Figur bekommen, 7 Meter hoch, massiv Bronze, die jetzt vielleicht mit der Star-Cross … Na ja, auf jeden Fall ist geplant, dass die Menschen dort Ferien machen, aber anders als auf all diesen anderen Inseln. Man soll dort auch leben können. Länger, lange, ein ganzes Leben. Ein Zentrum soll gebaut werden, habe ich ja schon gesagt: Häuser, Cafés, ich stelle mir schon eine richtige Piazza vor. Ich muss jetzt weitermachen.

Bretagne Gegend in Nordwestfrankreich

Piazza ital. »Platz«

Färber Warten Sie! Ich meine, jetzt wird mir ja erst klar … Das sind ja großartige Ideen, Nina! Darf ich Nina sagen? Sie haben so ein Leuchten in den Augen. Als Sie da eben von der Piazza sprachen, da hatten Sie so ein Leuchten in den Augen, das müssen Sie sich unbedingt bewahren, versprechen Sie mir das?

Nina Ja.

Färber Nina, nehmen Sie diese Blume. Woher kommen Sie denn?

Nina Ich will endlich in eine richtige Stadt. – Leonhard wollte jemanden aus der Gegend haben, also jemanden, der sich unten im Dorf auskennt, wenn wir hier irgendwas brauchen. Ich habe im Fotogeschäft gearbeitet, Schule hab ich geschmissen, aber ich war in Berlin, in Mitte, egal. Also vor drei Monaten kam Leonhard zu uns, um die Fotos von Vineta abzuholen. Ich habe gesagt: »Entschuldigen Sie, aber ich habe noch nie eine so schöne Insel gesehen. Wohnen da eigentlich Menschen?« Und dann hat er gesagt: »Können Sie Schreibmaschine schreiben und, wenn nötig, zwölf Dinge gleichzeitig tun?« »Klar, kann ich«, habe ich gesagt. Dann hat er mich gleich mitgenommen. Ich muss jetzt weitermachen.

Färber Zeigen Sie sie mir!

Nina Was?

Färber Die Fotos!

Nina Jetzt?

Färber Ja.

Nina Okay, bin gleich wieder da. *(Rennt raus)*

Färber setzt sich in den Kaminsessel von Napoleon. Nina kommt zurück. Legt ihm die Fotos in den Schoß und stellt sich hinter den Sessel. Färber guckt ein, zwei, drei Bilder an.

Färber Nina! Holen Sie die Bebauungspläne!

Nina rennt raus. Färber starrt auf ein Foto. Nina kommt mit mehreren riesigen Papierbögen zurück. Legt sie Färber in den Schoß. Färber blättert und starrt dann auf einen Bogen.

Nina Stimmt was nicht?

Färber Ich sehe lauter »GKs«!

Nina »GKs«?

Färber GKs mit 22 mal 2000 Quadratmeter GFZs!

Nina – Nehmen die zu viel Raum ein?

Färber Nina, das sind zweiundzwanzigstöckige Gebäudekomplexe mit einer Geschossflächenzahl von vierundvierzigtausend Quadratmetern! Wie viele Menschen werden denn da erwartet? – Moment. Anschlussplan 5. Wo ist jetzt 6? *(Blättert)* – Nein. Nina, schau dir das an! Block, Straße. Block, Straße. Straße, Block. Die tun ja so, als ob sie Mannheim bauen! Siehst du das? Hier: Wenn das immer so weitergeht, dann hast du am Ende nirgendwo ein Zentrum, nirgendwo ein Herz, geht ja auch nicht, wenn alles, hier: Plan 7, Plan 8: Block, Straße. Straße, Block … Nina, ich glaube, du hast doch … ich meine, wolltest du nicht … Nina, wo soll ich dir denn da deine Piazza hineinbauen?

Nina Vielleicht hier?

Färber Das ist eine Grünfläche!

Nina Dann da!

Färber Da kommen aber Blöcke hin! Nina, diese Grünfläche ja?, diese hier, die du meinst, die wird nachträglich angelegt. Vorher ist hier alles grün, ja?, dann kommen da aber Blöcke hin, ja?, und hier, wo es ursprünglich mal nicht grün war, kommt eine Grünfläche hin. Nina, wer hat sich das ausgedacht?

Nina Also, ich glaube, die Benn-Bau-Gruppe, da, wo der Born arbeitet …

Färber Und was sagt Leonhard dazu?

Nina Ach, der ist so eingespannt mit seinen »untergegangenen Träumen«, und außerdem hat die Delta AG die Pläne schon abgesegnet, die fangen ja an, wenn die Schiffe …

Färber Sollen wir Lenin vielleicht hier neben die Squashhalle stellen?!

Nina Ich glaube, der denkt sich jetzt auch so was, dass ihm das alles persönlich nicht gefallen könnte, und deshalb hat er doch auch nach Ihnen …

Färber Nina, *(läuft durch den Raum)* hier! *(Zeigt auf die Treppe)* Stell dir vor, das ist die Küstenlandschaft. Hast du Bretagne gesagt?

Nina Ja, Bretagne.

Färber Hier auf dieser Seite: *(Geht auf die Konferenztafel zu)* …

Nina Das ist Schottland, klar.

Färber Genau. *(Geht auf Nina zu. Führt sie nach vorne links)* Und du, du bist jetzt Italien. Okay? Ganz zart zum Meer abfallendes und blühendes Land. Am Ende Strand. So! Drumherum überall Wasser. Und jetzt gucken wir uns den Himmel an! Nein. Erst mal zeig ich dir, wie die Benn-Bau-Gruppe sich das denkt. *(Nimmt einen Plan. Läuft die Treppe hoch)* Die Küstenautobahn soll wie folgt verlaufen: *(Läuft, auf den Plan guckend, die Treppe runter geradeaus nach rechts, von da geradeaus zu Nina, von da geradeaus zur Konferenztafel, von da geradeaus wieder zur Treppe, insgesamt in einem absolut monotonen Viereck. Nina lacht.)* Kurven gibt's nicht! *(Guckt auf den Plan)* Oh, aber es gibt noch eine quer rüber. *(Läuft jetzt diagonal zu Nina)* Hallo, Nina, hier steht ein Supermarkt. *(Guckt auf den Plan)* Neben dem Leuchtturm.

Nina Warum denn neben dem Leuchtturm?

Färber Keine Ahnung. Vielleicht, damit der Supermarkt besser beleuchtet ist. *(Läuft zur Konferenztafel)* Da haben sie noch ein großes Areal von der Insel belassen, herzlichen Glückwunsch. Würdest du da gern mal spazieren gehen?

Nina Ja.

Färber Geht aber nicht. Da fliegen uns die Golfbälle um die Ohren.

Nina O ja, das ist Hagemann. Er sagt, der Golfsport wird ein immer größerer Wirtschaftsfaktor werden.

Färber Nina! Man kann doch auf einer Insel, auf der wir den Geist der Oktoberrevolution beschwören, nicht mit Rasenmähern über einen Golfplatz fahren! – Wie viel Uhr haben wir?

Nina Viertel vor vier.

Färber Dann steht die Sonne jetzt da! Hier ist sie aufgegangen. Dort geht sie unter. Der Lauf der Sonne teilt den Himmel in zwei Teile. Nachts, auf einer Insel besonders gut zu sehen, schneidet die Bewegung der Sterne die Zweiteilung durch die Sonne dann noch einmal im rechten Winkel.

Nina Also so: *(Hält die Arme über Kreuz)*

Färber Ja, genau! So! *(Hält sie auch über Kreuz)*

Nina Dann hat der Himmel also vier Hälften?

Färber Ja. *(Nimmt Nina an der Hand und führt sie an den Rand von Italien genau unter den Kronleuchter)* Zur Gründung einer Stadt sucht man das Gebiet, das genau unter dem Punkt liegt, in dem sich die vier Hälften des Himmels treffen.

Sie schauen nach oben.

Nina – Okay, dann bauen wir die Piazza hier!

Färber Ja.

Sie schauen Hand in Hand nach oben.

Färber Hier werden wir einen Kaffee trinken! *(Winkt)* Due cappuccini, perfavore!

Due cappuccini, perfavore! **ital. »Zwei Cappuccino, bitte!«**

Nina Ich muss jetzt weg. *(Läuft zur Tür)*

Färber Sie sind in Berlin. Sie sind in Prag. Und sie sind schon unterwegs nach Afrika. Aber hier werden wir sie stoppen!

Nina *(kommt zurück. Küsst ihn flüchtig auf die Wange)* Bis später. (Ab)

Färber Nina, man darf sich nicht alles gefallen lassen! – Ja, bis später. *(Wirft die alten Pläne in die Luft und geht schnell die Treppe hoch. Dunkel)*

2. Akt

1. Szene

Hagemann und Montag auf einem freien Feld.
Im Hintergrund Sonnenblumen und die Morgendämmerung. Montag sitzt auf einem Baumstumpf. Auf den Knien sein leuchtendes Notebook. An den Baumstumpf angelehnt ein Leitz-Ordner.
Hagemann mit dem zusammengerollten Projektstrukturplan unterm Arm.

Leitz-Ordner Aktenordner

Akku Stromspeicher

Hagemann *(geht hin und her)* Wie lange reicht Ihr Akku?

Montag Noch zwei Stunden. Herr Hagemann, im Plenarsaal, da haben wir Steckdosen, ich weiß nicht, warum wir hier um diese Uhrzeit …

Hagemann Das werde ich Ihnen noch erklären. Weiter!

Montag Susanne Gross hat das Reisebüro »Adventure« in Hannover …

Hagemann Wie alt?

Montag 36.

Hagemann Kinder?

Montag Keine.

Hagemann Ich halt das nicht aus! Wir, ja?, wir bauen hier das Fremdenverkehrsamt auf! Bis auf ein paar Ausnahmen ist der ganze Einzelhandel personell gesichert! Aber was passiert? Mittendrin lassen die diesen Typen auftreten, Leonhard wirft mal eben den ganzen urbanen Bebauungsplan über den Haufen, und wir, wir sitzen hier rum! Seit 15 Tagen! Der 10. November ist die Deadline für die Fundamentlegung. Schauen Sie mal auf Ihre Uhr. Wir verlassen die Pufferzeit! Aber Färber sitzt in seinem Zimmer und malt seit 15 Tagen »Die Häuser der Neuen

Deadline engl. »Todeslinie«, hier: letzter Termin

Rückbesinnung«. Herr Montag, ich bin gleich wieder da. *(Geht los in Richtung Morgendämmerung)*

Montag Wo wollen Sie denn hin?

Hagemann Ich werfe nur eben meinen Projektstrukturplan in den See.

Montag Sie müssen sich beruhigen.

Hagemann *(außer sich)* Nein! Ich beruhige mich nicht! Morgen geht uns hier die Arbeit aus! Dann können wir Murmeln spielen! Und zwar so lange, bis der da fertig ist! *(Läuft auf und ab in der Morgendämmerung)*

Montag ist entsetzt, sucht dennoch nach Worten der Linderung.

Hagemann Feldmann-See, dieser Arsch! Jede Reederei würde so einen rausschmeißen. Erst schickt der sieben Schiffe in den Sturm, dann drehen die um, und als sie endlich wieder losfahren, lotst der die wieder zurück, nur weil die »Gegenmoderne« plötzlich keine Betonpumpen mehr braucht, sondern »leichte, fließende Baustoffe«. So was kann man beim Gartenbau in Posemuckel machen, aber nicht auf maritimen Langstrecken.

Posemuckel **Name für unbedeutende Orte**
maritimen **das Meer betreffenden**

Montag Also, als der da auf der Treppe stand, dachte ich, das ist einer, der will die Welt anhalten. Vielleicht ist das ein ganz neuer Gedanke?

Hagemann *(starrt auf den Leitz-Ordner)* Was haben Sie da?

Montag *(nimmt den Ordner)* Das ist eine Untersuchung. Ich soll eine Prognose für Vineta machen. Anhand der hier aufgelisteten Beschäftigungsquoten auf der Insel Capri. Im Sommer und im Winter.

Capri **Insel im Mittelmeer**

Hagemann Das mach ich! *(Will ihm den Ordner wegnehmen)*

Montag Nein! *(Hält den Ordner fest)* Das gehört mir!

Hagemann Geben Sie her! *(Reißt an dem Ordner)* Da muss man Statistik können!

Montag Ich kann Statistik!

Sie ziehen von beiden Seiten an dem Leitz-Ordner. Hagemann lässt plötzlich ab.

Hagemann Scheiße, ich muss gerade an den Sohn meiner Freundin denken. Der hat sie nicht mehr alle, der spielt den ganzen Tag so ein Spiel, da stellt man imaginäre Arbeiter ein und baut Städte im Geiste. Ich kann nach Hause kommen, wann ich will, wenn ich die Tür aufmache, dann sitzt da dieses Kind mit seinen imaginären Arbeitern.

imaginäre erfundene

Montag Ich hatte auch mal eins. – Wir waren auf dem Rückweg. Ich hätte nicht fahren dürfen. Es war gerade auf die Welt gekommen. Es war ein Unfall.

Hagemann Die ganze Nacht habe ich von der Delta AG geträumt. Ich stehe ganz allein auf der Insel. Ohne Fundament. Ohne eine einzige Planierraupe. Nicht mal einen Spaten gibt es. Und plötzlich steht die Delta AG vor mir, mitten in der Wildnis! Nur ich und die Delta AG. »Hagemann!«, dröhnt es über die Insel, »Hagemann, was ist denn das für eine Missplanung!?«

Montag Manchmal, wenn wir nicht so gut vorangekommen sind, dann liege ich im Bett und denke: Was hättest du heute in deinem Referat alles erledigen können? Wissen Sie, hier, da habe ich sie alle drin: Siebzehntausendachthundertundsieben! Ich kann sie mit nach Hause nehmen, ich kann mit ihnen auf die Reise gehen, aber seit ich hier bin, laufen mir nachts Gestalten hinterher. Gestalten, die keine Augen haben, keine Münder, nicht einmal Nasen, Herr Hagemann, nur weiße Flächen, die können aber trotzdem sprechen: »Montag! Da stapeln sich unsere Anträge auf Ihrem Tisch! Wie lange sollen wir denn hier noch ...«

Hagemann Seit 15 Jahren gelten überall auf der Welt die Konzepte der Vollversorgung! Club Méditerrané! Cinemaxx! Wellenbäder! Die Menschen haben Ferien und wollen sich wohl fühlen! Was ist schlecht daran? Ein einziger Mensch, ja?, hat der das Recht, Millionen, die da kommen werden, seine Ideen aufzudrücken?

Montag *(steht aufgeregt auf dem Baumstumpf)* Ich lasse mir sofort im Traum einen Kaffee bringen und sichte das Material: Gross nach Garbmann, Garbmann vor Grossmann, ich erstelle die neuen Bewerberprofile, aber plötzlich geht die Tür auf: Krüger kommt rein. Zieht den Stecker aus der Dose. Schraubt die Tastatur ab und rennt mit meiner Festplatte den Korridor entlang ...

Hagemann Montag?!

Montag *(noch aufgeregter)* Ich laufe hinterher. Krüger biegt ab in den neuen Kundenbereich. Ich biege auch ab, und schon sehe ich, wie Krüger meine Festplatte auf den Tisch von Lorenz stellt und sagt: »Als Erstes, Herr Lorenz, nehmen Sie jetzt mal Herrn Montag in Ihre Kartei auf! Montag vor Müller und nach Meier!« *(Er schließt die Augen.)*

Hagemann Jetzt hören Sie mir mal zu: Färber muss weg. Er hat hier keinen Platz. Er muss weg. – Hallo?!

Montag – Ja? Wie bitte?

Hagemann Ich sagte: Färber muss weg!

Montag Färber muss weg? Wie soll er denn weg? Leonhard hat ihn geholt.

Hagemann Leonhard muss auch weg.

Montag – Sind Sie verrückt?

Born und Behrens. Born mit Aktenkoffer und Hagemanns Golfschläger. Behrens in unruhiger Verfassung.

Hagemann Guten Morgen, Behrens. *(Zu Born)* Weiß er Bescheid?

Born Er hat, glaub ich, noch 'n paar Fragen. Was ist mit ihm?

Hagemann Na, wir haben uns schon ein bisschen eingestimmt, Montag, oder?

Behrens Herr Hagemann! Sind Sie sich sicher? Ich meine, wenn Leonhard selber kandidieren will, dann hätte er es doch bekannt gegeben?

Hagemann Behrens, denken Sie mal nach. Der kann Sie doch viel besser für seine Zwecke benutzen, wenn Sie glauben, Sie sind der Spitzenkandidat! Was meinen Sie denn, was der der Delta AG erzählt? Jede Behrens-Vision, die hier auf die Welt kommt, kommt bei der Delta AG an als Leonhard-Vision. Ja. Das große Schaulaufen mit der Presse beginnt, wenn der erste Kameramann Vineta betritt. Und raten Sie mal, wer den da begrüßen will? Der tritt doch nicht einfach ab, wenn das hier vorbei ist!

Behrens erbleicht.

Montag Entschuldigung. Wir können ihn aber nicht einfach absetzen. Leonhard! Wenn wir ihn jetzt angreifen, reißt der uns alle mit in die Tiefe. Dann wird Vineta der Jahrhundertflop, und wir werden nie wieder …

Flop Misserfolg, Pleite

Born Soll ich ihm einfach mal das Papier geben? *(Gibt Montag ein Bündel mit Schriftstücken)*

Hagemann Geben Sie's ihm. – Behrens: Kopf hoch. Sie brauchen jetzt jemanden, der Sie aufbaut vor der Delta AG, nicht abbaut.

Montag *(fassungslos)* Woher haben Sie das?

Born Kleine Hausdurchsuchung. Lag auf'm Tisch.

Hagemann Wir machen das so: Ich übernehme den Vorsitz in der Planungsgruppe. Sie, Behrens, Sie sind mein Spitzenkandidat, und der wird durchgeboxt bis zum Ende. Born rückt wieder dahin, wo er hingehört: an die Stelle von Färber in die Bebauung. Feldmann-See schmeiß ich raus. Fracht & Verkehr übernehme ich.

Born 'tschuldigung, das hatten wir doch so überlegt, dass Bebauung jetzt mit Fracht & Verkehr zusammengelegt wird …

Behrens Wäre es nicht besser … Ich meine, Sie sind doch schon sehr ausgelastet mit dem Vorsitz, Herr Hagemann, und Sie mit der Bebauung, und da dachte ich, also wenn ich Fracht & Verkehr übernehme, dann hätten wir die Triade, also, erstens: Sie: Vorsitz, zweitens: Er: Bebauung, drittens: Ich: …

Triade **Dreiergruppe**

Hagemann Ja, ja, ja, sehr gut. *(Zu Born)* Ich meine, Fracht & Verkehr muss ja auch nicht sein.

Montag *(die Schriftstücke mittlerweile bedeutungsvoll auf den Handflächen tragend)* Mein Gott, Sie können doch nicht einfach in sein Zimmer gehen und …

Hagemann Lesen Sie doch mal bitte Behrens vor, ja?! – Hallo!

Montag – Ich glaube … Ich meine … Wissen Sie eigentlich, was das hier ist? – Meine Herren, das sind seine, ja: – Tagebücher! Da ist ja jeder Tag eingetragen, da ist … Also … das ist die Entstehungsgeschichte!

Hagemann Einfach nur vorlesen, bitte, ja?

Montag Das ist das Entstehungsdokument der Republik Vineta!

Born *(hält ihm die Faust vors Gesicht)* Mach jetzt!

Montag Also ich persönlich würde das sofort wieder auf

seinen Schreibtisch zurücktragen, aber wenn Sie unbedingt wollen. *(Steigt auf den Baumstumpf)* Also, ich lese jetzt, ja? *(Beginnt feierlich zu lesen)* »16. September. Was sind die Menschen doch einfältig. Vor einer Woche haben wir das Begrünungskonzept ohne jeden Zweifel abgeschlossen, und auch die Entwässerung ließ ich gestern für geglückt erklären.« *(Bricht ab und schaut die anderen bedeutungsvoll an)*

Hagemann Weiter!

Montag – *(liest)* »17. September. Eine neue Welt schreitet voran. Born und die alten Kräfte werde ich jetzt so lange zappeln lassen, bis Färber das neue urbane Bebauungskonzept hat. Er kommt wie gerufen.« *(Bricht ab und schaut wieder)*

Hagemann Der macht mich wahnsinnig!

Behrens Nun lesen Sie doch, verdammt nochmal!

Montag – *(liest)* »18. September. Behrens, dieser Volltrottel, will mir ein Konzept zur ›Ökologie und Demokratie‹ erstellen. Kann er ja machen. Die Zeit haben wir noch. Rom wurde auch nicht an einem Tag erbaut. Die Schiffe habe ich erneut auf die Reise geschickt. Allerdings musste sehr viel in Hamburg umgeladen werden. Die Stahlträger runter und dafür jetzt verstärkt toskanische Säulen. (Färber-Effekt!) Hagemann tanzt natürlich im Kreis und Born sowieso, weil er ja weiß, dass sich seine Benn-Bau-Gruppe längst fragen wird, warum ihr eigener Mann plötzlich nicht mehr mit Stahl arbeitet, sondern mit toskanischen Säulen, die sie gar nicht liefern können. Lasse ich aber über Färber woanders bestellen.« *(Bricht wieder ab. Schaut auf und muss lächeln)*

toskanische Säulen Säulenform mit quadratischer Basis

Born Weiter! Ich hau dir's Maul ein, wenn du jetzt nicht …

Montag »PS: Hagemann erinnert mich an ein stillgelegtes Flugzeug. Ich werde ihm und Behrens ein Doppelalbum von den Beatles schenken, die können sie sich dann so lange anhören. Montag geht es wie immer gut. Und Nina macht ihre Sache hervorragend. Vielleicht werde ich sie selber einmal heiraten.« *(Bricht ab)*

Hagemann Och Mensch, nun lesen Sie doch mal etwas flüssiger.

Montag – *(liest)* »Sorgen mache ich mir nur um den Käpten. Er hat nach dem Verlust der Star-Cross fast überhaupt nicht mehr gesprochen. – Ich konnte ihm nur damit wieder einen Sinn geben, indem ich versprach, Hagemann auf jeden Fall vor einen Untersuchungsausschuss zu bringen. – Jeder Schritt zur Vernichtung Hagemanns bringt den Käpten wieder ins Leben zurück.«

Hagemann Geben Sie her! Da werden wir ja nie fertig. *(Nimmt ihm die Schriftstücke weg. Liest)* »20. September: Der Themenpark ist meine heimliche Liebe: Lenin, den ich von Bergungsmannschaften retten ließ, hat die Insel an einem Hubschrauber hängend erreicht. Ist das nicht eine irrsinnige Vorstellung?« So, jetzt kommt's! *(Liest)* »Feldmann-See werde ich in wenigen Tagen ein Schiff nach Kuba entsenden lassen. Der Kultursekretär von Fidel Castro hat uns eine sowjetische Rakete geschenkt. Während der Kuba-Krise soll man sie genau auf das Weiße Haus in Washington gerichtet haben.« – Ich denke, das reicht. *(Gibt die Schriftstücke Born)*

Fidel Castro → Seite 174
Kuba-Krise → Seite 174

Schweigen.

Behrens Den mach ich fertig. Kommunist!

Hagemann Meine Herren …

Behrens *(fasst sich)* Jetzt weiß ich auch, was der mit Guillotinen meint. »Wenn ich in Paris bin, dann gehe ich ins Museum zu den Guillotinen, weil, da kriege ich die großen Ideen.«

Hagemann Meine Herren, die Fernsehteams betreten die Insel: Altrömischer Bau, griechische Tempel, überall toskanische Säulen …

Behrens Der ist ja verfassungswidrig! Er sagte: »Nicht in den Louvre, sondern …«

Hagemann Augenblick bitte, ja?! Also: Altrömischer Bau, überall toskanische Säulen. Auf einem Hügel: Lenin. Daneben die sowjetische Rakete aus Kuba, und es würde mich wirklich nicht wundern, wenn alle, die die Insel betreten, auf der Stelle ihr Handy abgeben müssen und dann Flöte spielen …

Behrens Der stellt da auch eine Original-Guillotine hin! Die bekommt der! Aus Paris! Die nimmt der auch in Betrieb! Ich meine, man spricht doch nicht, wenn man sich gerade über Verkehrspolitik unterhält, plötzlich über Guillotinen?

Hagemann Herr Behrens, wenn ich mal eben … Danke! Und jetzt frage ich Sie, was werden die da im Fernsehen berichten? »Sehr verehrte Damen und Herren. Die Kapital- und Aktiengesellschaft Delta baute vermutlich durch ein Versehen eine Insel der sozialistischen Weltrevolution!? Eine neue Menschen-Gemeinschaft von Flötenspielern ist entstanden …«

Montag Das ist doch alles an den Haaren herbeigezogen, das steht doch da gar nicht drin …

Behrens Wer sich nicht radikal von seiner Vergangenheit trennt, mit dem führe ich keine Gespräche! Man kann in gewisser Weise über Karl Marx reden, da besteht Konsens auf einer theoretischen Basis. Man kann in gewisser Weise auch über Lenin reden, keine Frage. Aber von Lenin auszugehen und bei Fidel Castro anzukommen, das geht so nicht. Man kann auch von Marx ausgehen und bei August Bebel ankommen. Man kann von Lenin

Konsens Übereinstimmung

August Bebel
→ Seite 174

ausgehen und sogar ankommen bei Willy Brandt. Aber wer von einer Guillotine ausgeht und ankommt bei einer sowjetischen Rakete aus Kuba …

Hagemann Vielen Dank, und ein Jahr später ist Vineta voll davon. Schöner Themenpark!

Born Zur Sache jetzt.

Hagemann Also wir haben das mal in einem Begleitbrief erläutert.

Born nimmt ein Schreiben aus dem Koffer und gibt es Montag.

Hagemann Wenn die das lesen, ist der Fall erledigt. Dann können wir hier endlich weitermachen.

Born *(zu Montag)* Einscannen!

Montag Wieso?

Hagemann Herr Montag: Neue Datei und einfach mit dem Penscanner rüber, ja?!

Born Los!

Penscanner stiftartiger Scanner

Montag bedient zögerlich den Penscanner.

Hagemann Jetzt die Ausführungen von Leonhard.

Born hält Montag die Schriftstücke hin.

Montag Entschuldigung, aber wir können doch jetzt nicht einfach die Entstehungsgeschichte einscannen?!

Hagemann Ihr Handy, Behrens! Ein Handy, herrlich! Sie geben jetzt die Faxnummer der Delta AG ein und danach die vom Pressedienst. *(Gibt Behrens einen Zettel)*

Behrens bedient das Handy.

Born *(hält Montag ein Kabel hin)* Einstöpseln!

Montag Liebe Freunde, wir schaufeln uns das eigene Grab, ich bitte Sie nochmal …

Hagemann Hier einstöpseln!

Behrens Empfang: ausgezeichnet!

Born Steck das da jetzt rein!

Montag steckt das Kabel in sein Notebook.

Hagemann *(hält Behrens das andere Ende hin)* Dies da rein! Zack. So. Montag: Datei speichern! Behrens: Yes-Taste drücken! Warten!

Sie warten.

Behrens Es piept!

Hagemann Montag! Datei abschicken!

Montag Ich mach da nicht mit.

Born Mach jetzt! Abschicken, Mann!

Hagemann Drücken Sie!

Born Scheiße! Er drückt nicht! Worauf muss man drücken?!

Hagemann Enter!

Montag Ich hab's gelöscht.

Born schlägt ihn nieder.

Hagemann – Och Mensch, Montag. Sie wollen doch auch eine schöne Insel haben? Was sollen wir denn mit einer Insel, auf der Menschen leben, die uns einfach umbringen, nur weil wir eine andere Auffassung haben? Montag, wo ist denn jetzt die Taste für rückgängig?

Born Na, wo ist sie?! *(Tritt nach)*

Behrens Im Namen der deutschen Sozialdemokratie! Wo ist die Taste für rückgängig?

Montag hält sich den blutenden Mund. Zeigt die Taste.

Born Wehe, das stimmt nicht!

Hagemann Draufdrücken, Born! Danke, Montag. So!: Yes-Taste, Behrens! 21, 22, und: …

Behrens Erneutes Piepen!

Hagemann Born, Enter: Datei ab! *(Nimmt seinen Golfschläger und einen Ball und schlägt ihn hart ab)* – Meine Herren: Jetzt ist das alles in der Welt! Und in ein paar Tagen kommt eine kleine kompakte Kugel mit irrsinnigem Tempo zurückgeschossen. Dann geht es weiter. Sein ist Tun und Tun ist Tempo. Ich würde jetzt gerne einen Tomatensaft trinken. Ich habe noch nie auf der Erde einen Tomatensaft getrunken. Ich trinke ihn sehr oft, aber immer nur in der Luft. Es gibt eine alte Regel: Wer in der Luft Tomatensaft trinkt, der ist gut im Geschäft. *(Gibt Born den Golfschläger und nimmt den Leitz-Ordner)*

Hagemann, Born und Behrens brechen auf.

Hagemann *(dreht sich um)* Montag, hören Sie: Falls Sie irgendwas ausplappern, muss Born nochmal mit ihnen reden. *(Lacht. Endet das Lachen abrupt)* Und noch etwas: Sobald Leonhard in den nächsten Tagen das Wort »Kuba« erwähnt, wird es ernst. Dann sollten Sie auf der richtigen Seite stehen. Ist das klar?

Sie gehen weg.

Montag wischt sich das Blut vom Mund. Er klappt sein Notebook zusammen. Dann geht er langsam und gekrümmt in Richtung Morgendämmerung.

2. Szene

Plenarsaal großer Versammlungsraum

In der Villa, im Plenarsaal. Montag kommt von links herein mit seinem Notebook und geht langsam zur Treppe. Er geht hinauf. Bleibt stehen. Geht ein paar Schritte wieder zurück und wieder hinauf, aber jetzt so, als habe er sich an etwas erinnert. Als überprüfe er jetzt die Wirkung eines anderen Steigens auf die Gedanken. Nina kommt mit einem Tablett mit Saftgläsern und Kaffee aus der Flügeltür und geht auf die Treppe zu. Als sie Montag sieht, bleibt sie stehen.

Nina Herr Montag?
Montag Ja. Ich bin es.
Nina Was machen Sie denn da?
Montag Ich versuche, wie ein Philosoph die Treppe hinaufzugehen.
Nina Um diese Uhrzeit? – Mein Gott, Sie bluten ja! *(Läuft zu ihm. Stellt das Tablett ab. Hält ein Taschentuch auf das Blut)*

Born steht unbemerkt auf der Galerie.

Nina Was ist denn passiert?
Montag Ich bin hingefallen. Im Wald.
Nina Scheiße, das hört ja gar nicht auf! *(Nimmt ein neues Tuch)* Mensch, Montag, Sie sollten besser im Bett liegen und schlafen.
Montag Nina, Sie müssen mir jetzt genau zuhören: –
Nina Ja?
Montag Nina, der einzelne Mensch ist schwach, und er kann den Lauf der Dinge nicht mehr aufhalten. Das ist keine gute Zeit. Wollen Sie Leonhard wirklich heiraten?
Nina Was reden Sie da? Was ist denn los?

Montag Die neue Welt kann nicht voranschreiten. Ich kann nicht schlafen. Hat Krüger angerufen?

Nina *(nimmt das Tablett)* Krüger kann doch nicht mitten in der Nacht anrufen. Bestimmt ruft er heute Vormittag an. Hier. Trinken Sie das.

Montag Gestern habe ich geträumt, ich hätte mich in meinem eigenen Büro selber angerufen. Ich wollte meine Stimme auf Anrufbeantworter hören, aber plötzlich hat sich Herr Lorenz gemeldet. Er hat nicht gesagt: »Apparat Montag, Lorenz«, sondern einfach nur »Lorenz«, als ob das jetzt sein Apparat wäre.

Nina Trinken, Herr Montag, ja? Sie sind so blass. – Besser?

Montag Retten Sie mich! Ich liebe Sie! *(Will ihr das Tablett abnehmen)* Ich verlange Sie!

Nina *(weicht zurück)* Herr Montag, ich glaub, Sie haben 'ne Gehirnerschütterung! Sie müssen sich jetzt ganz schnell hinlegen, ja? Dreht sich da was?

Montag Ich zeige Ihnen die Niagara-Fälle! *(Will ihr das Tablett abnehmen)* Wir werden zusammen fahren auf dem Highway Sixty-Six!

Nina Herr Montag! Das geht jetzt nicht, bitte! Ich bin eigentlich gerade auf dem Weg zu Färber. Er müsste auch mal was trinken. Er arbeitet schon wieder die ganze Nacht. Stellen Sie sich vor, gestern hat er mit den Siedlungen um das Zentrum herum begonnen. Herr Montag, was werden das für Häuser!

Montag Mein Gott, Nina, Entschuldigung! Jetzt steht es so da!

Nina Ist doch nicht so schlimm, gucken Sie mal: Er sagt, dass jeder, der dort leben wird, mindestens 30 Sekunden mit ausgebreiteten Armen durch seine Wohnung laufen kann. Laufen, Herr Montag, nicht gehen. Laufen!

Montag *(Blut läuft aus seiner Nase.)* Es hätte bei Anspielungen bleiben müssen! In den Anspielungen hätten wir leben können! Ich hätte es nie in einem einzigen Satz sagen dürfen!

Nina Taschentuch, so halten, ja? Eine Piazza hat er konzipiert. Mit zwei Cafés, einem Bäcker und Kunsthändlern. In der Mitte ist ein Stück mit diesem schönen gelben Sand freigelassen, Sie wissen doch, welchen Sand ich meine? Da können wir dann, wenn wir einmal alt sind, Herr Montag, Boule spielen, wie die Männer in Frankreich, abgemacht? Ich muss jetzt zu ihm. Gehen Sie bitte schlafen.

Boule **franz. Wurfspiel mit Kugeln**

Montag *(geht die Treppe hoch)* Ich gehe schlafen. Gute Nacht. Entschuldigung. Ich verblute. Adieu. *(Geht auf der Galerie ab)*

Nina läuft mit dem Tablett die Treppe hoch.

Born *(tritt ihr entgegen)* Na, wohin?

Nina *(bleibt stehen)* Schläft hier eigentlich niemand?

Born Und du, du kleine Hure? Entwerft ihr beide die neue Stadt? – Machst du nach jedem Rundbogen die Beine …

Nina Kann ich mal bitte durch?

Born Komm, so bist du doch bei mir auch ins Bett gekrochen!

Nina Fass mich nicht an, ja?!

Born Du, ich mach's dir hier auf der Treppe. Halt einfach das Tablett fest. *(Fasst sie)*

Behrens macht die Tür von seinem Zimmer auf. Guckt.

Born Gute Nacht, Behrens.

Behrens Nacht. *(Geht schnell wieder rein)*

Nina Lass mich los!

Born Komm, einer wie der andere. *(Löst seinen Gürtel)*

Nina Ich schreie!

Born Gut festhalten, das Tablett! *(Reißt ihren Rock hoch)*

Nina Lutz, das wird mir jetzt zu viel, ich schreie jetzt. *(Sie schreit.)*

Born Okay, okay, ist ja gut, nichts passiert, ganz ruhig, ganz ruhig.

Färber läuft auf der Galerie herein.

Färber Ich hörte einen Schrei!

Nina Es ist alles in Ordnung. Das Tablett – das, das wäre fast die Treppe runtergefallen.

Färber – Herr Born, ich brauche jetzt endlich die DIN-Normen für die verabredeten Bauteile. Ich frage ja schon gar nicht nach Gütenachweisen, aber wenigstens die DIN-Normen für die Trägerkonstruktionen sollte man mitteilen. Die Betonoberfläche im Zentrum bitte mit Feinmörtel schließen. Die Pläne für die Siedlungen der gesamten Peripherie liegen morgen Nachmittag in Reinschrift vor. Die können Sie sich dann abholen. *(Geht ein kleines Stück die Treppe runter, auf die Höhe von Born)* Mit jedem Tag erlange ich größere Gewissheit: Wir bauen an einer sehr großen Sache! Der Bau einer ganzen Stadt, aber so leise und zart, als falle Schnee auf eine Allee. *(Geht die Treppe wieder hoch. Bleibt stehen)* Herr Born, ein architektonischer Entwurf misst sich an dem Anspruch, die Zeit durch eine große Idee zu überdauern, nicht durch Edelstahl rostfrei. Es wäre gut, wenn Sie das ab und zu mal Ihren Kollegen in der Hauptstadt sagen. *(Zu Nina)* Vielleicht esse ich um acht Uhr einen Toast. *(Geht ab)*

Born *(trinkt den Saft vom Tablett)* Frisch gepresst … nicht schlecht. *(Wirft das Glas lässig in Richtung Färber)*

Nina – Tut mir Leid … Es ist nicht, wie du denkst. Weißt du, am Anfang habe ich diese Art gemocht, aber jetzt glaube ich, du guckst gar nicht nach rechts und nach links, du machst einfach …

Born Nina, ich kann dir auch Schlösser in den Schnee bauen! Ich mach uns ein Haus, da können wir beim Duschen in den Himmel gucken! Aber hier, ja?, hier werden wir gezwungen, anders zu denken. Begreif das doch! Der lebt in einer anderen Welt. Nie im Leben werden wir auch nur eine Garage von dem da bauen!

Nina Du, der baut auch überhaupt keine Garagen. Du musst dein blödes Auto wahrscheinlich unter einen Baum stellen. *(Will weitergehen)*

Born *(hält sie fest)* Nina! Du willst doch jetzt nicht da reingehen! Da ist doch gar nichts mehr auf dem Tablett drauf!

Nina Wir werden überhaupt nicht gezwungen, anders zu denken! *(Geht weiter)* Edelstahl rostfrei! Wir bauen doch keine Kredit-Bank!

Born Nina, du bleibst jetzt stehen! *(Stellt sich ihr in den Weg)* Die ganze Welt baut mit Edelstahl rostfrei!

Nina Ich geh da jetzt einfach ohne Saft rein! *(Will weiter)*

Born Soll'n wir jetzt griechische Säulen überall hinstellen, oder wie? Das ist doch ein völlig bescheuerter Architekt! Weißt du, warum der die DIN-Normen nicht kriegt? Der ist nämlich in ein paar Tagen hier weg. So, und an deiner Stelle würde ich da jetzt nicht reingehen, sonst kannst du danach wieder in deinem blöden Fotogeschäft arbeiten!

Nina Was glaubst du eigentlich, wer du bist?!

Born Pass auf. Wir gehen einfach drei Türen weiter, wenn du hier nicht ficken kannst.

Sie will schreien. Er küsst sie. Montag plötzlich auf der Galerie mit einer Pistole von Napoleon. Er zielt in den Rücken von Born.

Montag Loslassen!

Born dreht sich um.

Montag *(zielt auf Borns Gesicht)* Hände hoch! – – Sie … – Sie werden die neue Welt nicht aufhalten! Sie nicht! Hände hoch!

Nina Herr Montag, hören Sie! Die könnte geladen sein! Leonhard schießt in der Freizeit! Es wäre besser, Sie würden jetzt …

Montag Ich knall ihn jetzt über den Haufen!

Born Scheiße, sag ihm, dass er das Ding wegnehmen soll!

Nina Ganz ruhig, ja?! Geben Sie mir die Pistole.

Montag Nein! Nicht wegen einer Frau knall ich Sie jetzt ab, sondern wegen der neuen Welt! Hab ich ja schon gesagt. *(Zielt auf Borns Herz)* – Ich werde Sie jetzt mit einem Schusseisen von Napoleon niederstrecken!

Nina Herr Montag, hören Sie auf!

Montag Ich schieße! *(Schließt die Augen)*

Born Scheiße, der macht das!

Montag *(will abdrücken)* – – – Ich kann's nicht. – Tut mir Leid. *(Legt Nina die Pistole aufs Tablett und geht ab)*

Nina – Kann ich mal eben vorbei? *(Geht mit dem Tablett weiter)*

Born Du kannst doch jetzt nicht einfach … Ich bin eben fast erschossen worden!

Nina Ja. Zieh dir 'ne neue Hose an. Tschüs. *(Sie geht weg.)*

Born sieht auf seine Hose. Sie ist genässt. Er schaut beschämt in Ninas Richtung, dann kauert er auf einer Treppenstufe. Feldmann-See lehnt im Halbdunkel in der Flügeltür.

Feldmann-See *(singt leise)* »Mein Mädel glaubt, ich lieg im Meer / Sie steht nicht mehr am Jackson Square / Doch lieg ich nicht an einem Riff / Ich fahre auf dem Totenschiff …« *(Setzt sich auf eine Treppenstufe)* Immerhin haben Sie Leidenschaft, das hätte ich Ihnen gar nicht zugetraut.

Born Kümmern Sie sich einfach um Ihre Schiffe.

Feldmann-See Wissen Sie, Sie können von Glück reden, dass Sie diesem Mädchen so hinterher rennen. Wie gern würde ich dieses Stechen hier wieder finden. Diesen Stich. Es ist gut, wenn es sticht, dann hören wir die Sirenen wieder. Sie sind mir nicht besonders sympathisch, Born, aber Sie leben wenigstens, gratuliere.

Sirenen
→ Seite 174

Born Danke.

Feldmann-See In New Orleans, in der Hafenbar, war ein Mädchen wie die. Saß da wie ein Engel in diesem traurigen Dämmerlicht und wartete auf etwas Großes. Ob sie mit nach Australien fahren möchte, fragte ich. »Käpten, ich warte doch auf meinen Piraten!«, sagte sie. Eines Tages, ich kam spät in die Bar, sah ich sie mit einem Mann. Sie legte dem Wirt den Schlüssel hin und ging. Alle standen draußen und sahen sie mit dem Mann die Hafenstraße hinuntergehen. Bei allen hat es gestochen. Ja, es ist gut, wenn uns etwas genommen wird. Dann hören wir die Sirenen und kehren ins Leben zurück.

New Orleans Stadt im Süden der USA

Born Hören Sie, ich halt dieses Gerede nicht aus. »Das Leben«, »Die neue Welt«, »Große Ideen«. Alles Bullshit, klar?

Bullshit engl. »Scheiße«

Feldmann-See Aha.

Born geht auf der Galerie ab. Feldmann-See bleibt einen Moment stehen, dann läuft er bewussten Schrittes die Treppe hoch, so als überprüfe auch er die Wirkung eines anderen Steigens auf die Gedanken. Von vorne links: Ursula Feldmann-See.

Ursula Feldmann-See Fritz!

Feldmann-See dreht sich auf der Treppe um und erstarrt.

Feldmann-See – Was machst du denn hier?!

Ursula Feldmann-See Dich abholen! Wir gehen nach Hause!

Feldmann-See Bist du verrückt geworden?

Ursula Feldmann-See Da stimmt was nicht! Fritz, hol deine Tasche! Der Wagen steht vor der Tür!

Feldmann-See Ich bin mitten in der Arbeit!

Ursula Feldmann-See Gestern Morgen habe ich Kapitän Lundt getroffen, im Teegeschäft. Er sagte: »Na, Frau Feldmann-See, wie sind die ersten Wochen in der Pension?« Ich sage: »In welcher Pension?« »Na, in der Pension von Ihrem Mann!«, sagt Lundt. Ich sage: »Wir haben gar keine Pension.«

Feldmann-See Was redest du denn da?

Ursula Feldmann-See »Warum soll'n wir denn plötzlich Fremdenzimmer haben?«

Feldmann-See Nicht so laut! Du weckst ja das ganze Haus auf.

Ursula Feldmann-See Und dann, weißt du, was dann passiert ist? Lundt schreit quer durch das Teegeschäft:

»Mein Gott, ich frage, wie gefällt es Ihrem Mann in der Pensionierung!?«

Feldmann-See In der was?!

Ursula Feldmann-See Pensionierung! »In einer Art Früh-Rente«, hat er noch rangehängt. »Mein Mann ist gar nicht in einer Art Früh-Rente!«, rufe ich zurück. »Der ist bei Gotha in der Planungsgruppe, der leitet den Frachtverkehr von Hamburg zum Geheimstandort!«

Feldmann-See Mensch, lass doch den Lundt reden. Der hat mir schon verübelt, dass ich die Princess Victoria gekriegt habe. Und dass ich jetzt noch in einem Sonderprojekt sitz, das hält der doch gar nicht aus.

Ursula Feldmann-See Der hat aber einen Lachanfall gekriegt! Der hat vor Lachen den ganzen Friesentee verschüttet!

Feldmann-See Ist mir doch egal! Lass den doch den Friesentee verschütten! Der kann mir gar nix, der Lundt!

Ursula Feldmann-See *(setzt sich)* Fritz, in deinem letzten Brief hast du geschrieben, dass die Star-Cross auf dem Weg zum Geheimstandort gesunken ist. Die Star-Cross ist aber gestern nach Rotterdam ausgelaufen.

Feldmann-See – Du, Ursula, die Star-Cross hatte ein Fassungsvermögen von zweihundertfünfzigtausend Tonnen. Seit einer Woche überlege ich, wie ich diese Frachtkapazität ersetze, das heißt, was kann ich den anderen, die eigentlich nur hunderttausend Tonnen fassen, zumuten? Welches Tempo können die halten? Wie wird sich das Wetter entwickeln? Eben zum Beispiel, kurz bevor du gekommen bist, habe ich gedacht: Ja, wenn wir jetzt insgesamt mit sechzehntausend Stahlträgern weniger arbeiten und ich das Maximale beim Beladen raushole, dann könnte es …

Ursula Feldmann-See *(steht wieder auf)* Die Star-Cross, Fritz, die ist nach Rotterdam ausgelaufen!

Feldmann-See *(außer sich)* Die ist noch nie nach Rotterdam ausgelaufen! Die ist am 8. September im Bottnischen Meerbusen gesunken!

Bottnischen Meerbusen Teil der Ostsee zwischen Finnland und Schweden

Ursula Feldmann-See Und warum habe ich sie dann gestern im Hafen beim Auslaufen gesehen?!

Feldmann-See Ursula! Seit 25 Jahren läuft die Harry-Star nach Rotterdam aus, nicht die Star-Cross! Ich halt das nicht aus! Das verwechselst du immer! Merk dir doch einfach mal: Harry-Star: Rotterdam! Star-Cross in der Regel: Liverpool! Leider im Sondereinsatz nordöstlich vor Stockholm gesunken! Scheiße, ist denn das so kompliziert?

Ursula Feldmann-See *(nimmt ihn an der Hand)* Fritz, ich möchte, dass du dir ein paar Tage freinimmst und nach Hause kommst.

Feldmann-See Nein! Kommt überhaupt nicht in Frage! Wie stellst du dir das vor?!

Ursula Feldmann-See Ich hab das Gefühl, du kannst hier auch mal abkömmlich sein! Seit Wochen sitzt du hier herum! Ich dachte, wenn du an Land arbeitest, könnten wir uns mal sehen! Wir haben immer gesagt, wenn du bei Lloyd an Land arbeitest, sehen wir uns!

Feldmann-See Aber ich habe mich daran gewöhnt, dass ich mir vorstelle, dass ich dich sehe. Das reicht mir!

Ursula Feldmann-See Was reicht dir?!

Feldmann-See Dass ich dich in der Vorstellung sehe. Das ist genügend.

Seine Frau setzt sich.

Feldmann-See Ursula, hör mal: Mir ist klar geworden, dass zwischen mir und dir … Ursula, da muss das Meer dazwischen sein, sonst geht es nicht. Ich kann einfach nicht atmen, wenn ich an Land stehe und du stehst mir einen Meter gegenüber. Ursula, ich bin Kapitän. Ich brauche im Rücken den Atlantikwind. Ich stehe auf der Kommandobrücke, vor mir die Navigationskarte mit tausenden Meilen von Wasser, und ich bestimme den Kurs, wie wir da durchkommen werden. Und jedes Mal, wenn ich eine Möwe sehe, denke ich: Heute Abend werde ich an meinem Brief weiterschreiben, und in vierzehn Tagen, wenn wir in New Orleans sind, werfe ich ihn ein, dann hast du ihn mit Luftpost in knapp drei Wochen.

Ursula Feldmann-See Ich möchte aber auch mal mit dir reden.

Feldmann-See Ursula, ich bin kein Redner, ich bin ein Mensch, der sich wohl fühlt, wenn er schweigt, begreif das doch. Wenn ich rede, werde ich sofort müde und verliere mein Gleichgewicht. Darum liebe ich das Meer. Das Meer ist stumm, sogar wenn es stürmt und tobt, ist es stumm.

Ursula Feldmann-See Fritz, als wir geheiratet haben …

Feldmann-See Ja, 33 Grad nördlich des Äquators, auf dem Oberdeck der Clarissa. Ja, die Clarissa, die ist übrigens im Panamakanal gegen einen Öltanker gefahren.

Panamakanal → Seite 174

Ursula Feldmann-See *(steht auf)* Sag mal, tickt das da noch ganz richtig? Ich habe dir mein Leben hingegeben, und du redest von Öltankern! – Wenn ich eine Blume an das eine Ende der Welt lege für jemanden am anderen Ende: Wie lange liegt die denn da herum?! Was ist das für eine irrsinnige Sache, sich jemandem hinzugeben, der einen überhaupt nicht nehmen kann, weil er gar nicht da ist? Mein Leben, Fritz, das ist mein Leben! Ich laufe nicht 30 Jahre ohne Körperkontakt durch die Gegend! Hol deine Tasche, die Star-Cross ist nach Rotterdam ausgelaufen, ich bin doch nicht blind, wir kaufen dir 'n Katamaran für die Elbe!

Katamaran Segelboot mit zwei Bootskörpern

Feldmann-See Ach Ursula, was ist das für eine komische Welt. *(Schaut auf die Uhr)* Und nun entschuldige mich. Ich bekomme immer um sieben vom Sekretariat den Wetterbericht. Wir befinden uns in einem schwierigen Tiefdruck-Gebiet.

Ursula Feldmann-See Du, wenn du wieder deinen berühmten »Stich« brauchst, ich hab keine Lust mehr! Immer wieder auszuziehen und einzuziehen, nur damit du zwischendurch die Sirenen hörst!

Feldmann-See Ursula, ich muss eine Lösung finden, wie ich jetzt auch noch mindestens 20 Tage die Lukretia ersetze. Die schicke ich nämlich kurzfristig nach Havanna. Sonderfahrt! *(Küsst sie auf die Stirn und geht die Treppe hoch. Bleibt stehen. Dreht sich um)* Ursula, fahr bitte vorsichtig. Mach ein- oder zweimal Rast und trink einen Kaffee. Bis bald. *(Geht weiter. Bleibt stehen. Dreht sich um)* Grüße Tante Uphoff und bestelle bei Brookmann die Briketts für den Winter. Ich liebe dich. Ich halte dich auf dem Laufenden. *(Geht weiter und auf der Galerie ab)*

Havanna **Hauptstadt von Kuba**

Briketts **Presskohle**

Seine Frau schaut ihm bewegungslos nach. Streicht sich die Tränen aus den Augen und geht langsam vorne links ab.

Dunkel.

3. Akt

Im Speisesaal. Geweißte und poröse Wände. Die hohe Decke ist an einer Stelle zerstört, und ab und zu, wenn im Raum Unruhe herrscht, bröckelt leise der Putz von oben herunter. Hinten eine große Schiebetür, hinter der eine jetzt noch nicht sichtbare einfache und alte Großküche ist, mit großen Brausen zum Spülen und mehreren Wasserhähnen. Rechts im Speisesaal eine weitere Tür, die zum Plenarsaal führt. Behrens steht feierlich am Kopf einer langen Tafel, an der an jedem Platz eine noch eingepackte Pizza liegt. Am anderen Ende sitzt Hagemann.

Behrens Meine sehr verehrten Damen und Herren, lieber Herr Bundeskanzler, lieber Herr Außenminister, im Namen der Delta AG möchte ich Sie ganz herzlich willkommen heißen auf Vineta. Ja, nun ist es Wirklichkeit geworden! Wir sitzen hier in diesem Augenblick beisammen, und da draußen, da erhebt sich eine Stadt, die vor einiger Zeit noch niemand für möglich gehalten hat. Eine Stadt, die zu einer der ersten Adressen in Europa werden soll, werden wird, und wenn ich mich in dieser festlichen Runde so umsehe, meine Damen und Herren, darf ich sagen: schon jetzt geworden ist! Lassen Sie mich aber auch ein persönliches Wort hinzufügen. Es gab nicht nur immer Licht am anderen Ende dieses Weges, sondern auch Schatten …

Hagemann *(springt auf)* Behrens! Das will doch keiner wissen! Die sind direkt aus dem Job in den Flieger, die haben, wenn's hochkommt, fünf Minuten im Hotel gehabt, die gesamte Delegation hat im Lauf des Tages ein Tempo erreicht, da können Sie jetzt nicht mit Licht und Schatten kommen!

Behrens Ich wollte gerade auf ein humanistisches Zitat zusteuern!

humanistisches Zitat lat. oder griech. Zitat

Hagemann Behrens, was sollen wir denn jetzt mit einem humanistischen Zitat?! Wir wollen doch Befürworter für Ihren Tunnel finden?! Da wären die sehr dankbar, wenn Sie gleich zur Sache kämen!

Behrens Gut. Ich fang nochmal an.

Hagemann Eine Rede besteht aus drei Phasen: 1. »Meine Damen und Herren!« 2. »Wir sind sehr froh, weil …« 3. »Es wäre noch besser, wenn …« Klar? Begrüßung! Information! Appell! *(Setzt sich)*

Behrens Meine Damen und Herren, im Namen der Delta AG möchte ich Sie willkommen heißen. Nun ist es Wirklichkeit geworden! Wir sitzen beisammen, und da draußen, da erhebt sich eine Stadt, die niemand für möglich gehalten hat. – Wir sind sehr froh. Aber es wäre noch besser, wenn … es einen Tunnel gäbe, der diese Stadt mit dem Festland verbindet wie Großbritannien mit Frankreich …

Hagemann *(springt auf)* Behrens! Dass Großbritannien und Frankreich ein Tunnel verbindet, das wissen die selber! Sie müssen den Leuten gleich was Neues sagen!

Behrens Meine Damen und Herren! Lieber Kanzler! Ich sage es gleich ganz neu und deutlich: Ich möchte Sie und die Beatles nicht nur im Luftraum befördern und nicht nur auf dem Seeweg, sondern vor allem: unterirdisch! Drei Phasen der simultanen Beförderung, Herr Minister. Erste Phase: Luft. Zweite Phase: Wasser. Dritte Phase: …

Hagemann *(außer sich)* Ich halt das nicht aus! Vor 17 Tagen haben wir die Mitteilung rausgeschickt! Vor 17 Tagen! *(Läuft umher)* Warum steht hier jetzt nicht die Delta AG auf der Matte?! Wo ist die Presse, Behrens?! Die Presse?! Wo ist denn die Presse?! Färber, dieser Wahnsinnige, der macht da oben einen Durchmarsch, der entwirft schon die öffentlichen Toiletten für den Themenpark! Ja, hat denn kein Mensch mehr Probleme mit sowjetischen Raketen?! Kann man die jetzt überall hinstellen, und alle finden das toll, oder wie?! Sagen Sie, Behrens, eine sowjetische Rakete aus Kuba, ist das jetzt plötzlich hip, oder was?!

hip »in«, im Trend

Behrens Bestimmt prüfen die noch den Fall.

Hagemann Ja, meinetwegen, das dauert mir aber zu lange! Behrens, es macht ja richtig Spaß, mit Ihnen die Eröffnungsrede zu proben, aber da, wo früher einmal unser Gloria Golf Resort stand mit angeschlossenem Entertainment Center, da stehen jetzt Freitreppen! (Macht wellenartige Handbewegungen) Die führen auf die Hügel rauf und von den Hügeln wieder runter, sonst nichts! Völlig sinnlose Auf- und Abwärtsbewegungen!

Entertainment Center Vergnügungszentrum

Behrens Nicht zu fassen!

Hagemann Herr Behrens, wir müssen heute die Arbeit niederlegen.

Behrens setzt sich. Erstarrt.

Hagemann Ich wusste, das gefällt Ihnen nicht, auf Sie kann man sich verlassen, und darum habe ich mir für uns etwas viel Besseres ausgedacht: Nicht wir, sondern Leonhard, Färber und der Käpten werden in genau 15 Minuten die Arbeit niederlegen. Also: Gleich werden Leonhard, Färber und der Käpten von da auftreten und Born und Montag von hier. Und dann wird Montag auf das Stichwort »Kuba« eine Waffe zücken, auf Färber richten und ihm mit aller Wahrscheinlichkeit in beide Hände schießen.

Behrens – Montag?!

Hagemann Ja, Montag! Oder möchten Sie das machen? Na

also. Born klärt das gerade. *(Lacht. Endet das Lachen abrupt)* Herr Behrens, ich möchte, dass Sie in dem Moment, wo Montag die Waffe zieht, Folgendes laut und deutlich sagen: »Lieber Herr Leonhard, ich möchte Ihnen mitteilen Doppelpunkt: Ab sofort übernimmt Herr Hagemann den Vorsitz. Und nun bitte ich Sie, dieses Blatt zu unterschreiben, was wir anschließend gemeinsam an die Delta AG weiterleiten. Sollten Sie Einwände haben, kann Kollege Färber nie wieder einen Bleistift anfassen.« Klar? Begrüßung. Information. Appell. Immer das gleiche Prinzip. Sprechen Sie das!

Behrens – Das macht Leonhard nie! Der unterschreibt das nie! Und dann?!

Hagemann Ja, sind Sie schwer von Begriff?! Dann tritt Plan 2 in Kraft, der der eigentliche Plan Nummer 1 ist: Färber ist komplett arbeitsunfähig, das heißt naturbedingte Rückkehr zu den bisherigen Konzepten, allerdings ohne Montag, wenn Sie verstehen, was ich meine. Das war dann offiziell ein Amoklauf, Gründe gab's ja. Klar? Also: Ihren Text jetzt!

Behrens – Lieber Herr Dr. Leonhard …

Hagemann Ohne Doktor, Sie Schleimscheißer. Sie wollen wohl Ihr ganzes Leben auf zwei Seiten stehen?!

Behrens Lieber Herr Leonhard …

Montag und Born. Born mit Golfschläger, er drängt Montag mit versteckter Gewalt voran. Montag starrt gekrümmt vor sich hin. Er hält sich ein Taschentuch vor die Nase.

Hagemann Montag! Ab heute geht es wieder aufwärts! Wenn so eine Kugel durch die Luft fliegt! Mit absoluter Präzision abgeschlagen und 420 kmh, herrlich! Ich! Ich werde den historisch ersten Abschlag machen! Vor mir das 18-Loch-Vineta-Areal! Rechts und links am Rande die Menschen, die mir zuwinken und dann: *(Schlägt ab im Geiste. – Versteckt zu Born)* Vielleicht bin ich ja einfach selber der Spitzenkandidat? – Hier! *(Gibt Behrens das vorbereitete Schreiben)*

Leonhard, Nina und Feldmann-See treten auf.

Hagemann Mahlzeit.

Leonhard Mahlzeit.

Feldmann-See Mahlzeit.

Leonhard Haben Sie den Wetterbericht gelesen? Käpten, ich glaube, da braut sich wieder was zusammen! – Mein lieber Montag, Sie sehen ja ganz blass aus.

Feldmann-See Ja, die viele Arbeit, die ruhmreiche Arbeit. Ich sage Ihnen: Sie richtet die Menschen allmählich zugrunde. Hüten wir uns davor, berühmt werden zu wollen, denn der Ruhm, meine Herren, er ist blutrünstig, er macht gierig und krank. *(Zeigt auf Hagemann)* Schauen Sie sich diese Ringe unter den Augen an! Er verwandelt einen Menschen in einen fiebrigen Kadaver mit Ringen unter den Augen! Schade.

Kadaver verwester Körper

Leonhard Wollen Sie den Nachmittag besser freimachen, Herr Montag?

Montag – Ja, ich … Ich leg mich dann mal sofort hin. Mir ist nicht gut. *(Will abgehen)*

Born zieht ihn wieder auf den Stuhl.

Hagemann Ich glaube, Sie sollten mal was Richtiges essen, Montag, was? Hier! Pizza!

Leonhard Herr Hagemann, Sie werden zur Abwechslung

heute Nachmittag mal im Garten die Erde pflügen, da soll nämlich bald gepflanzt werden. Born wird Ihnen helfen. Spitzhacken sind im Gartenhaus. Ja, meine Herren, mal wieder so richtig mit den Händen arbeiten! Hagemann, da fließt dann, bevor es morgen in den Untersuchungsausschuss geht, noch einmal die Kraft der ruhenden Erde in Ihre Seele! Käpten, das ist doch vielleicht ein ganz gutes Mittel gegen Ruhm? Nina, verteilen Sie das getrocknete Gras!

Nina *(verteilt fünf Glasbehälter)* Also, das ist vielleicht ein toller Geruch! Wenn wir das hinkriegen würden, dass die Leute da mit so einem Geruch in der Nase herumlaufen könnten, also man nennt das ja Heu, meine Herren, das ist Heu. Um es einmal genau zu sagen, lieber Herr Leonhard: Heu ist nicht einfach nur getrocknetes Gras, sondern Heu ist eine Mischung aus Feldfutterpflanzen und Winterzwischenfrüchten …

Leonhard Nina, danke. Ich möchte, dass Sie jetzt alle den Deckel öffnen und eine Minute riechen. Sie werden sich dabei vorstellen, wie Sie barfuß auf Vineta über ein Feld laufen. Es ist Herbst. Es war ein guter, ein sonniger Sommer. Hagemann, Sie sagen jetzt mal: »Ich liebe Heu!« Bitte. – Ich warte. – Herr Hagemann, wir bleiben hier alle so lange am Fleck stehen, bis Sie »Ich liebe Heu« gesagt haben. Klar?

Hagemann – Ich liebe Heu.

Leonhard Sehr gut. Und jetzt sagen Sie: »Ich liebe auch Sauerampfer!«

Färber erscheint mit Plänen.

Färber Liebe Freunde! Meine Herren, meine Dame, also: Heller! Ja, das Leben ist heller geworden! Ich habe soeben die Markthalle abgeschlossen, sie ist vollendet! *(Küsst Nina)* 24 transparente Säulenreihen geben den Blick frei bis zum Meer. Die Stadt: Sie fällt terrassenartig in südöstlicher Richtung ab und dreht ihr Gesicht dem Sonnenaufgang zu. Das Bauprogramm ist in 200 Körper aufgeteilt. Wichtigstes Stilmerkmal: Ein Haus sieht wieder aus wie ein Haus. Ich könnte auch sagen: Harmonie. Ja, Entschuldigung, ich sage jetzt einfach mal: Harmonie. Also: Es gibt 42 Straßen, Gassen, Treppenanlagen und 16 Plätze, die eingelassen sind in das Stadtbild wie … ja, wie musikalische Pausen.

Harmonie **Ebenmaß, Ausgewogenheit**

Montag hat still und leise die Waffe auf Färber gerichtet, was nach und nach alle bemerken, außer Färber.

Färber Straßen: Und lassen Sie mich noch etwas zu den Straßen sagen. Die Menschen haben dem Himmel Straßen aus Sternen gegeben, damit wir hier den Weg finden können auf dem Land und auf dem Meer. Ja, das klingt feierlich, aber ich will damit nur sagen: Wir müssen uns heute wieder über die Straße Gedanken machen! Alles, was wir tun, sagte mir ein indischer Kollege, tun wir auf der Straße: Wir sprechen, wir handeln, wir essen, wir lachen, ja, wir lieben uns sogar auf der Straße, und am Ende, da sterben wir auf der Straße. Und was machen wir? – Meine Herren, auf Vineta werden die Straßen nur zwischen einem und acht Metern breit! Ich werde auf Vineta das Gespräch fördern, nicht den Verkehr. Die Menschen wollen wieder sprechen, nicht fahren. Der irrsinnige Sieg der Zeitnutzung über den Menschen, den werden wir … *(sieht Montag)* den werden wir … – Herr Montag, was machen Sie denn da?

Montag *(Tränen laufen ihm über das Gesicht.)* Das Leben ist dunkel geworden. – Dunkel ist es geworden. Es ist aus. Wir haben verloren. – Fahren Sie zum Mond. Bauen Sie im Himmel. Es ist aus. – Man muss jetzt die Augen schließen und schnell wieder auf die Welt kommen.

Behrens *(steht auf)* Lieber Herr Leonhard, wir möchten Ihnen mitteilen: Ab sofort übernimmt Herr Dr. Hagemann den Vorsitz. Und nun bitte ich Sie, dieses Blatt zu unterschreiben, was wir dann gemeinsam an die Delta AG …

Feldmann-See *(steht auf)* Soll das ein Witz sein?!

Ursula Feldmann-See läuft herein – mit Filmvorführgerät und Verlängerungsschnur.

Frau Feldmann-See Fritz! – Ich hatte Recht! Die ist gar nicht gesunken! Guck dir das an! *(Stellt das Filmvorführgerät auf die Tafel)* Da wollen wir doch mal sehn! *(Stöpselt die Schnur ein)*

Feldmann-See – Ursula! Was machst du denn da?!

Frau Feldmann-See Ich komm grad aus Rotterdam! Wo ist denn hier die Steckdose?

Läuft mit der Schnur umher.

Feldmann-See Ursula, was soll das?!

Frau Feldmann-See Ich bin doch nicht blind! Guck dir das jetzt an! Und dann holst du den Koffer! Der Mensch ist von Natur aus für das Land gemacht, nicht für das Wasser! Wo ist die Steckdose? *(Läuft mit der Schnur umher)*

Feldmann-See Nun reicht's aber! Raus! Ich bin mitten in der Arbeit! *(Zu Leonhard)* Das ist meine Frau! Sie redet wirres Zeug!

Es treten ein: Rosa Seligmann mit einem Plan und Rosana Seligmann mit einem großen Hammer.

Rosana Seligmann – Rosa, wir sind wieder zurück.

Rosa Seligmann Gib mir den Hammer!

Rosana Seligmann Hier haben wir einmal gelebt. Guten Tag.

Rosa Seligmann *(nimmt den Hammer und schlägt, nachdem sie den Plan in Abstimmung mit der linken Wand betrachtet hat, mit einem Schlag ein großes Loch hinein)* Da! Da ist es. Da hätt ich ja nur pusten müssen! Was ist denn das hier für eine Bruchbude geworden! *(Zieht einen viereckigen, verpackten Gegenstand aus dem Loch. Wickelt ihn aus)*

Rosana Seligmann Wenn Großvater das jetzt sehen könnte! Rosa, ich war so klein und stand da, als er sich von dem Bild verabschiedete: »Tischbein, du hast jetzt schon so viel überstanden, du wirst auch das überstehen!«

Tischbein → Seite 174

Rosa Seligmann Ich weiß das doch, Rosana.

Rosana Seligmann Ja, aber du warst ja gar nicht da, du warst ja schon mit Mutter vorgefahren. Aber wir, wir waren noch hier.

Rosa Seligmann Ja, halt mal den Hammer. *(Sie nimmt den Tischbein unter den Arm.)* So! Der kommt ins Guggenheim-Museum.

Guggenheim-Museum berühmtes Museum in New York

Rosana Seligmann Nun sag doch erst mal Guten Tag.

Rosa Seligmann Ich hab schon Guten Tag gesagt!

Die eingeschlagene Wand bricht gänzlich ein.

Rosa Seligmann – Mein Gott! Wir gehen jetzt in den Hauptsaal. Wenn die Treppe auch in so einem Zustand ist, they've got a problem, die ist klassizistisch, auf der hat dein Urgroßvater den französischen König begrüßt!

Sie gehen ab in den Plenarsaal. Alle starren hinterher.

Frau Feldmann-See Da! Fritz! Da! Jetzt fängt's an!

Alle sehen projiziert auf der großen Schiebetür Fritz Feldmann-See in Uniform und Ursula Feldmann-See in einem Brautkleid auf dem Oberdeck der Clarissa.

Feldmann-See Bist du wahnsinnig geworden?!

Frau Feldmann-See Das war da noch vorher drauf! Ich hab das überspielt! Da!

Läuft auf die Schiebetür und auf ein Schiff zu, das auf dem Amateurfilm seelenruhig im Hafen von Rotterdam ankert. Möwen kreisen über ihm. Man sieht, wie die Kamera hin und her schwenkt und dann das Namensschild fixiert.

Frau Feldmann-See Da! Was ist denn das da?!

Alle starren auf die Star-Cross. Man sieht Frau Feldmann-See, scheinbar von einem anderen gefilmt, genau neben dem Schiff stehen und demonstrativ auf das Namensschild weisen.

Frau Feldmann-See Das ist die STAR-CROSS, Fritz! Und das da, das bin ich! Da war ein Mann, der war so nett!

Feldmann-See Das ist doch eine Archivaufnahme, du!?

Frau Feldmann-See Archivaufnahme?! Archivaufnahme!? Wo sollt ich denn 'ne Archivaufnahme herbekommen?! Da! Das ist original aus Rotterdam!

Feldmann-See Ursula!!

Leonhard Machen Sie das Ding aus! Schluss! Aus! Alle raus!

Ausmachen! *(Zieht den Stecker raus. Schnell zu Frau Feldmann-See)* Ich muss mit Ihnen reden. *(Zu den anderen)* In den Plenarsaal! Bereiten Sie die Sitzung vor! *(Zu Hagemann)* Und Sie, Sie gehen pflügen! Ich mach Ihnen das Leben zur Hölle, Hagemann! In den Garten! Sag jetzt Sauerampfer, du Arschloch! Raus! Ab! *(Schnell zu Nina)* Führ die beiden durchs Haus. Sei zuvorkommend. *(Zu Behrens)* Raus hier jetzt! Weg! Abtreten, Sie Kommunalpolitiker!

Alle rennen raus.

Leonhard – So. Ich nehme an, Sie sind Frau Feldmann-See? Setzen Sie sich.

Frau Feldmann-See Sind Sie Herr Leonhard, der Vorsitzende?!

Leonhard Ja, bin ich.

Frau Feldmann-See Dann haben Sie meinem Mann mitgeteilt, dass die Star-Cross auf dem Weg zum Geheimstandort gesunken ist?!

Leonhard Ja. Habe ich.

Frau Feldmann-See Die ist aber gar nicht gesunken!

Leonhard Ich weiß.

Frau Feldmann-See Die ist in Rotterdam!

Leonhard Ja. Kann sein.

Frau Feldmann-See *(steht wieder auf)* Was heißt hier »kann sein«?! Sie haben meinem Mann gesagt: Die ist gesunken! Seit Wochen schreibt er nichts anderes! Immer nur Untergang! Untergang! Gesunken! Untergang! …

Leonhard Was glauben Sie eigentlich, was ich hier mache? – Wurden Sie denn von den Lloyd-Werken gar nicht unterrichtet? – Es war doch vorgesehen, dass die engsten Angehörigen in Kenntnis gesetzt werden. – Setzen Sie sich mal wieder hin. Wenn Sie ein Stück Pizza wollen, bitte. – Also: Wo fange ich an? Zunächst einmal, es gibt überhaupt keinen, wie sagten Sie? – Geheimstandort? Frau Feldmann-See, meine neue Methode beruht in der ersten Phase …

Nina läuft herein.

Nina Jetzt wird's 'n bisschen schwierig! Warum hast du denn, warum haben Sie denn die alle zusammen in den Plenarsaal geschickt?!

Leonhard Ja, warum?! Ich muss mich ja schließlich auch um Frau Feldmann-See kümmern! Die hat anscheinend überhaupt keine Ahnung.

Nina Also, da drüben, ja?, die eine, die klopft die ganze Zeit mit dem Golfschläger die Treppe ab, und die andere, die ist auf Hagemann zumarschiert und hat gesagt: »Sind Sie Herr Dr. Leonhard, der Leiter dieser Einrichtung?«

Frau Feldmann-See Was für eine Einrichtung?!

Leonhard Scheiße, warum gehen die denn nicht in den Garten? Schick Hagemann in den Garten und Born auch, ich hab doch gesagt, die soll'n …

Nina Die waren aber gerade mitten in ihrer Intrige! Da gehen die doch jetzt nicht einfach in den Garten! …

Intrige
hier: bösartige Verschwörung

Frau Feldmann-See Was denn für eine »neue Methode«?! Was passiert hier denn? Ich habe ein Recht …

Leonhard Beruhige Born und Hagemann! Sag ihnen, die Delta AG, die braucht vielleicht doch einen Golfplatz! Das Entertainment-Center! Nina, da war ein echter Tischbein in der Wand! Versuch rauszufinden, was hier sonst noch so …

Nina Okay! *(Ab)*

Leonhard Wo waren wir stehen geblieben? Ja. Meine neue Methode, Frau Feldmann-See, beruht also auf der Simulation einer realen Arbeitswelt, ohne die ja auch im Übrigen kein Einziger seine Firma, wie soll ich sagen, freiwillig verlassen hätte. Mineralwasser? – Gut, gut. Innerhalb dieser so genannten Realzeit also studiere ich das genaue Verhalten der jeweiligen Fälle und versuche vorerst sehr vorsichtig einzugreifen. Wie mache ich das? Nun, ich versuche sie zunächst einmal minutenweise an andere Lebensarten und Fremdelemente heranzuführen, wie zum Beispiel a) dem Spielen von Flöten, Zupfinstrumenten oder einer sinnlichen Begegnung mit Heu. Max Weber hat einmal gesagt: »Die kontemplative Ruhe ist ausgerottet.« Ich füge hinzu: Die tiefe, emotionale Bewegung ebenso. Deshalb habe ich b) der Aktivierung des Nahraums, wie ich es nenne, also der Privatgefühle, durch den gezielten Einsatz einer Frau beigeholfen, was in einigen Fällen ausgezeichnet funktioniert hat. Kommen wir zur zweiten Phase, aber da sind wir ja noch gar nicht, Frau Feldmann-See …

Max Weber deutscher Soziologe (1864–1920)
kontemplative beschauliche

Nina läuft herein.

Leonhard Ich bin mitten im Vortrag!

Nina Mein Gott, wir müssen uns jetzt was überlegen! Behrens, ja?, der geht zu der einen, die die Treppe abklopft und sagt, er sei hier der Spitzenkandidat, und er frage sich jetzt, in welcher Funktion sie denn nun eigentlich … und da sagt die: »Spitzenkandidat? Ich dachte, Sie sind hier Klient?«

Klient hier: Patient

Leonhard Pass auf, dass die Sache nicht entgleitet! Trenn die irgendwie!

Nina ab.

Leonhard Nun. In der zweiten Phase, Frau Feldmann-See, da wird die simulierte Realzeit plötzlich gestoppt, das Projekt für gescheitert erklärt und somit der Aufprall auf die Realität eingeleitet. Ein Beispiel: Die Nicht-Existenz des Projektes, Frau Feldmann-See, ist doch im Vergleich zur Abschiebung Ihres Mannes aus den Lloyd-Werken ein verhältnismäßig geringfügiger Schock. Aber genau diesen Schock brauche ich für die dritte Phase: für die Landung! Die Seele des Menschen richtet sich ein in den Zumutungen und Verletzungen, wenn wir sie nur stufenweise einsetzen, und am Ende, ja, da können Sie die Wahrheit sagen, und es werden jene, die sie hören müssen, Ihnen auch noch die Hand geben zum Danke. *(Endet und verbeugt sich leicht)*

Frau Feldmann-See – Wo ist mein Mann?

Rosa Seligmann mit Hagemanns Golfschläger und Rosana mit dem Tischbein unterm Arm treten ein.

Rosa Seligmann Dann sind Sie der Herr Leonhard?!

Leonhard Ja. Guten Tag. Ich habe Sie im Prinzip erwartet. Das ist Frau Feldmann-See.

Rosa Seligmann Na, da haben Sie sich jetzt aber sehr gefasst ausgedrückt, nachdem Sie uns vorher mit den Gerichten drohten.

Rosana Seligmann Nun sag doch erst mal Guten Tag.

Rosa Seligmann Ich hab schon Guten Tag gesagt!

Leonhard Frau Seligmann, die Geschichte, die Gerechtigkeit und die staatlichen Geschicke sind auf Ihrer Seite. Man muss auch lernen, seine Träume in Würde zu begraben.

Rosa Seligmann *(schlägt den Schläger gegen die rechte Wand,* *worauf ein Stück aus der Zimmerdecke fällt)* Da haben Sie Recht. Da haben Sie ja nun wirklich Recht, nicht, Rosana? Schau dir dieses Trümmerfeld an! What a mess!

What a mess! engl. »Was für ein Durcheinander!«

Ambiente hier: richtige Umgebung

Leonhard Hier, das wäre der Ort, das Ambiente gewesen für meine neue Methode. *(Zu Rosana Seligmann)* Meine revolutionäre Methode beruht auf der Simulation einer realen Arbeitswelt. Ich habe hier 16 Wochen Menschen in einer so genannten Realzeit beobachtet …

Rosa Seligmann Dass die Nazis Barbaren waren, das wissen wir ja! *(Schlägt wieder gegen die Wand, worauf noch ein Stück aus der Decke fällt)* Aber was haben denn die Kommunisten zum Teufel gemacht?! Nee, Rosana, da ist es aber in Kalifornien schöner! Komm, wir gehen uns den Rest angucken. Gut, dass die Familie schon tot ist. Da wären die ja auf der Stelle kommentarlos umgefallen!

Sie gehen ab.

Leonhard Bin ich froh, dass die gekommen sind! Jetzt müssen die sehen, was sie damit machen. Frau Feldmann-See, das war hier mal ein relativ bekanntes Sanatorium. Aber wissen Sie, ich bin mit dem Renovieren ja gar nicht mehr hinterhergekommen. Schauen Sie sich mal den Garten an! Eine Wildnis! Na ja, jetzt kriege ich den Kaufwert zurück, Investitionen, natürlich, die hatte ich, aber auch volle Pflegesätze seit 16 Wochen …

Investitionen Kapitalanlagen

Frau Feldmann-See *(ihr wird unheimlich)* Mein Mann! Ich will meinen Mann wiederhaben!

Leonhard Natürlich, Frau Feldmann-See. Ach, Ihr Mann ist ja noch ein relativ einfacher Fall. Stellen Sie sich vor, ich habe hier einen Architekten, der ist in Berlin auf die Baustellen gegangen und hat mit vorgehaltener Pistole die Arbeiten gestoppt. Wie die Jungfrau von Orléans ist der

Jungfrau von Orléans → Seite 174

über die größten Baustellen geschritten und hat seine Feinde in den Rückzug getrieben.

Nina läuft herein.

Nina Die haben irgendwas vor! Färber ist wieder hoch, arbeiten, aber Hagemann, Born und Behrens sind mit Montag und dem Käpten in das Gartenhaus, da passiert irgendwas, weil, der ist allein mit 'ner Kopfwunde wieder rausgekommen! *(Wieder ab)*

Frau Feldmann-See Mein Mann! Der kommt jetzt auf der Stelle mit! Wir fahren nach Hause!

Leonhard Aber wie stellen wir denn das an? Ich fürchte, der will gar nicht!

Frau Feldmann-See Sagen Sie ihm, er hat Urlaub! Den Rest mach ich schon! *(Läuft unruhig umher)*

Leonhard Der geht nicht in Urlaub, das wissen Sie doch! Ich kann ihn ja nicht betäuben lassen! – Frau Feldmann-See, es gibt Menschen, die lieben das Einzelne, ihren Sonntag, ihre Frau, ihren Nachhauseweg, aber manche, wenige, die lieben das Ganze, weil es das Ganze ist. Solche Menschen befinden sich immer über den Wolken oder auf dem Meer.

Frau Feldmann-See Weiß ich! Weiß ich! Hab ich alles schon tausendmal gehört! Ich mach jetzt schon mal den Wagen an! *(Rennt los)*

Leonhard *(hält sie fest)* Ich hab's! Frau Feldmann-See: Das Ganze, ich muss hier sowieso bald weg. Glauben Sie mir, danach wird Ihr Mann sehr sehr sanft sein, so wird's gehen, Nina?!

Nina läuft herein.

Leonhard Nina, wir müssen jetzt alle Schiffe untergehen lassen.

Nina Alle?

Leonhard Alle.

Nina Heißt das, wir müssen aufhören?

Leonhard Es ist so weit, erklär ich dir später, schnell!

Nina geht langsam zur großen Schiebetür und schiebt sie zur Seite. Dahinter jetzt die Großküche.

Leonhard *(zu Frau Feldmann-See)* Begreifen Sie? Das Ganze sind für ihn die Schiffe, die sich auf den Weltmeeren bewegen und die … Nina?! Schneller! Kessel Volldampf! Alle Wasserhähne auf Hochdruck! Tempo! *(Zu Frau Feldmann-See)* Ich tu, was ich kann.

Nina hat den Kessel aufgesetzt, läuft von Brause zu Brause und stellt alle Wasserhähne auf Hochdruck. Es spritzt und rauscht. Leonhard überreicht ihr ein Telefon. Sie rennt mit dem Telefon in den Plenarsaal. Leonhard steht zwischen den Brausen mit einem Regenmantel. Er greift zum Hörer des früheren Küchenpersonals. Frau Feldmann-See hat sich hingesetzt.

Mayday! Internationales Funknotsignal

Leonhard *(in den Hörer)* This is the Camperdown! Mayday! Mayday! Can you hear me?! Mayday! Mayday!

Die Stimme von Feldmann-See – Camperdown?! This is Captain Feldmann-See! What happened?

Leonhard Danger of flooding! Can you hear the weather?!

Die Stimme von Feldmann-See – I repeat: Danger of flooding! Which position!? Over!

Hagemann, Born und Behrens treten ein mit Spitzhacken.

Leonhard Distress position. 54 degress 47 minutes North 014 degrees 22 minutes East! Over!

Die Stimme von Feldmann-See Mittendrin! Do you have a loss of stability?!

Leonhard This is the Harrison!! Can you hear me? Mayday! Mayday!

Die Stimme von Feldmann-See Harrison?! This is Captain Feldmann-See! What happened?

Leonhard Danger of flooding!! Can you hear the gusty weather?!

Die Stimme von Feldmann-See Scheiße, das gibt's doch gar nicht! Vorhin war doch noch gutes Wetter!?

Behrens fällt die Spitzhacke aus der Hand.

Die Stimme von Feldmann-See Do you have contact to the Camperdown?!

Leonhard Mayday!! Distress position äh 60 degrees 50 minutes West 20 degrees 40 minutes East! Over!

Born geht langsam mit der Spitzhacke auf die Küche zu. Leonhard steht mit dem Rücken zum Saal.

Leonhard Mayday!! I think, we are lost!! Can you hear me?! *(Er dreht sich um. Sieht Born)*

Born kommt auf ihn zu.

Die Stimme von Feldmann-See Which position?!? – Hello??! This is a non-existent position!! – Hello??! Can you repeat the distress position?? – Hello?!!

Born hebt die Spitzhacke. Er steht genau vor Leonhard. Er holt aus. Ein Schuss. Born hält sich das Bein und bricht zusammen. Montag steht an der Tafel und hält mit beiden Händen vorgestreckt die Pistole. Nina läuft herein.

Die Stimme von Feldmann-See Scheiße! Seid ihr noch da?! – Hello?? Harrison? Mein Gott, warum hilft mir denn niemand? *(Man hört, wie er weint.)* Meine Schiffe. Meine Schiffe. *(Nur noch Weinen)*

Frau Feldmann-See rennt in die Küche. Nimmt Leonhard den Hörer aus der Hand.

Frau Feldmann-See Fritz, mein geliebter Fritz! Hörst du mich? – Ja, ich bin es. Ich komme! *(Sie rennt in den Plenarsaal.)*

Born *(am Boden. Schreit)* Mein Bein! Scheiße! Vielleicht kommt hier mal jemand?! Hilfe!

Nina rennt zu Born. Hagemann, Behrens starren Leonhard an.

Born Nimm dein scheiß Taschentuch weg! Ich brauch einen Arzt! *(Richtet seinen Blick auf Montag)* Ich bring dich um. Wenn ich wieder stehe, bring ich dich um.

Leonhard Rufen Sie einen Arzt, Nina.

Nina ab.

Leonhard Montag, legen Sie die Pistole auf den Tisch. *(Geht auf Hagemann zu. Bleibt in sicherem Abstand vor ihm stehen)* Wir hatten einen großen, alten Traum. Wir hätten ihn leben können. Wir hätten eine neue Welt erschaffen können. Zusammen. Im Kampf der besten Ideen. Tag für Tag. – Warum? *(Schaut ihm in die Augen. Greift in seine Jacke. Legt drei Mobiltelefone auf den Boden. Nimmt die Pistole und geht)*

Hagemann nimmt ein Telefon. Wählt eine Nummer. Wartet.

Hagemann Hier ist Hagemann. Stellen Sie mich bitte zu Herrn Kaufmann durch. – Hagemann. Herr Kaufmann, würden Sie mir mal bitte erklären, wie wir eigentlich die Planungsgruppe Vineta definieren? – *(Er lässt langsam das Telefon sinken. Legt die Spitzhacke auf den Tisch und geht)*

Die Stimme des Herrn Kaufmann Herr Hagemann. Was hätte ich denn machen sollen? – Ich wünsche Ihnen trotzdem viel Glück, Herr Hagemann. – Hallo? *(Legt auf)*

Stille.

Behrens steht erstarrt, Montag kauert am Tisch, Born liegt am Boden.

Nina *(In der Tür. Geht zu Born. Will ihn halten. Geht wieder zur Tür)* – Es tut mir so Leid. *(Nähert sich Behrens. Streicht leicht seinen Arm)* Aber eines Tages, da wird, da muss es sie doch geben. Behrens, setzen Sie sich doch. *(Geht zu Born)* Der Arzt kommt gleich. *(Sie geht zur Tür. Zögert. Bleibt stehen. Zu Montag)* Ich hole noch ein paar Sonnenblumen, ja? – *(Will gehen)* Sagen Sie bitte Färber, er soll irgendwann einmal … Im Fotogeschäft, da sind noch Abzüge von der Südseite, Behrens, bitte, nehmen Sie doch einen Stuhl. *(Holt einen Stuhl, stellt ihm den Stuhl hin)* Ich gehe dann jetzt wohl mal. *(Dreht sich noch einmal um. Zu Montag)* Vielleicht fahren wir eines Tages auf dem Highway Sixty-Six? Leb wohl. *(Will gehen)* Behrens, setzen Sie sich doch endlich! *(Geht weg)*

Dunkel.

4. Akt

Im Plenarsaal. Hagemann hängt mit einem Strick am Kronleuchter. Behrens sitzt auf einem Stuhl an der Wand. Er presst seinen Rücken in die Lehne und seinen Hinterkopf gegen die Wand. Stille. Dann steht er langsam auf und geht auf Hagemann zu. Berührt ihn vorsichtig am Fuß. Hagemann baumelt ein wenig nach links, nach rechts. Behrens berührt ihn kräftiger. Hagemann baumelt jetzt in größeren Pendelbewegungen nach rechts, nach links. Behrens läuft zur Konferenztafel, nimmt zwei Stühle und stellt sie rechts und links von Hagemanns Pendelrichtung auf. Er nimmt zwei Papierbögen, einen Filzstift und schreibt und lehnt die Bögen an die Stuhllehnen. Hagemann pendelt jetzt zwischen den Punkten A und B. Behrens stößt ihn noch einmal an und stellt sich auf die Treppe.

Behrens – Hagemann, ich bau den Tunnel! Wir werden nicht mehr warten auf Schiffe, die nicht kommen! Wir werden nicht mehr warten auf Flugzeuge, die nicht fliegen! Nein, Hagemann, unterirdisch! Wir werden unterirdisch von hier nach dort, von dort nach hier, und wenn ich mich da selber durch die Erde … Die können was erleben! *(Geht die Stufen hoch. Bleibt stehen)* »Sie lassen den Bieberberg mal schön so, wie er ist!« Die können was erleben … Ich schieß diese scheiß Rakete da durch, Hagemann: Weinheim-Süd verbinden mit Großbritannien und Weinheim-Nord mit Frankreich und von da weiter, na, nach wohin wohl, lieber Kanzler? *(Läuft weiter. Bleibt stehen)* Sein ist Tun und Tun ist Tempo! Und bin ich hier, dann bin ich dort: Begrüßung! Information! Appell! Klar? Einstöpseln und Enter! Und alles in der Pufferzeit. –

Scheiße, wo ist denn jetzt die Taste für rückgängig, Hagemann? *(Läuft weiter. Dreht sich um)* Ich wollte gerade auf ein humanistisches Zitat zusteuern, aber Sie, Sie sagten ja, da können wir nicht mit Licht und Schatten kommen. Tomatensaft, mein Vorsitzender? Es gibt diese alte Regel, wer in der Luft Tomatensaft trinkt, der ist gut im Geschäft, ja und wenn ich jetzt selber den Saft in den Tunnel trage, mein Vorsitzender … *(Er stolpert. Steht wieder auf. Lacht)* Erst die Rakete da durch, und dann spülen wir den Tunnel mit Tomatensaft sauber … *(Lacht)* Tomatensaft mit Tempo da so durch! *(Gestikuliert)* So! Mit Tempo! Tempo! *(Stolpert. Lacht. Bekommt Angst)* – Ich … Ich geh jetzt mal da so lang, ja? *(Rennt auf der Galerie weg)*

Färber kommt von oben. Er geht in Gedanken die Treppe runter und wieder rauf und ab. Montag steht halb versteckt hinter dem Kaffeeautomaten. Er wagt sich hervor, sortiert Tassen, guckt eine etwas länger an, schaut flüchtig zu Hagemann und stellt die Tasse schnell hinter den Automaten. Er drückt einen Knopf. Wartet unruhig. Er schaut in seine Tasse.

Montag *(ruft)* Cappuccino! Behrens, heute kommt Cappuccino!

Behrens öffnet seine Tür.

Behrens Cappuccino?! *(Läuft die Treppe herunter)*

Montag Ja! Gucken Sie mal. *(Beide schauen in die Tasse.)* Meinen Sie, ich kann ihm auch einen bringen? *(Drückt noch einmal einen Knopf)* Er darf ausnahmsweise mal einen Cappuccino trinken! Er hat heute Geburtstag.

(Gibt Behrens die erste Tasse) Für Sie. *(Es strömt weiter aus dem Automaten.)* Das ist ja eine Wundermaschine! – Früher bin ich immer in diesen besonderen Kinoabend gegangen. Montags. Da wusste man nie, was kommt. Man wusste noch nicht, ob man jetzt in einem Unterhaltungsfilm sitzt oder am Ende aus dem Kino kommt und traurig ist. Meine Frau liebte das.

Behrens – Herr Montag, woran ist sie denn eigentlich gestorben, Ihre Frau?

Montag Wir waren auf dem Rückweg, er war gerade zur Welt gekommen und lag in ihren Armen. – Ich hätte nicht fahren dürfen, Herr Behrens. Es war ganz dichter Schnee. Ich dachte aber, jetzt kann uns doch gar nichts passieren. – Er hat heute Geburtstag! – Zucker?

Behrens Wie? Ja. Bitte. Drei Löffel.

Montag gibt ihm Zucker, nimmt dann die neue volle Tasse und läuft zur Treppe.

Behrens Sie gehen weg?

Montag Haben Sie's nicht eben schreien gehört?

Behrens – Ich höre nichts.

Montag Bin gleich wieder da. *(Läuft die Treppe hinauf)*

Färber kommt von oben mit einem großen Plan.

Montag Guten Morgen. Es gibt Cappuccino! Er bekommt auch einen.

Färber Montag! Wir bauen noch eine Stadt! – Ein neues Stadtviertel, südlich unter der Akropolis, da ist noch Platz! Ich hab schon angefangen. Gucken Sie mal. *(Rollt den Plan aus)* Für Künstler, Wissenschaftler und Philosophen! Die werden aus aller Welt ein Jahr eingeladen,

Akropolis
→ Seite 174

Herr Behrens, und müssen in diesem Jahr für ihre Regierungen und für ihr Land Vorschläge erarbeiten, wie die Menschen besser leben können. Ich meine, eine Art Akademie als ganzes Stadtviertel!

Montag – Ist ja toll!

Färber Ja, mit Laboratorien, Auditorien, Ateliers, Bibliotheken, man bekommt alle Zeitungen der Welt … *(Fasst sein Herz)* Scheiße. *(Krümmt sich)*

Auditorien Hörsäle

Montag Herr Färber?

Färber *(sinkt auf eine Stufe)* Geht gleich wieder.

Montag Hier, trinken Sie das! Behrens, drücken Sie auf den braunen Knopf und stellen Sie eine neue Tasse drunter.

Behrens Da sind zwei braune Knöpfe.

Montag Der hellbraune!

Färber Born denkt immer, ich wolle die Welt in ihren Urzustand versetzen. Autos mit Strohdächern und so … Das stimmt aber gar nicht. Wenn ich eine Akropolis entwerfe oder eine Markthalle mit Säulen, dann doch nur deshalb, weil diese Dinge eine Sprache haben, die man auch verstehen kann!

Montag Herr Färber, einen Augenblick. *(Läuft zum Automaten)*

Färber *(steht auf)* Straßen, Luftwege, Schienen, Pipelines und Kabel bilden das arterielle System unserer Gesellschaft. Klar. Da habe ich doch gar nichts dagegen! Fax, Computer, Internet, Fernsehen, okay, das müssen wir auch alles haben in der Akademie. Es geht doch nur darum, dass es bestimmte urbane Gesetze gibt, die einfach gut sind und nicht schlecht, nur weil sie alt sind! Oder sollen wir jetzt plötzlich die Menschen anklagen, weil sie immer noch mit dem Mund sprechen?!

Montag *(läuft mit der neuen Tasse die Treppe hoch)* Ich komme gleich wieder. Er hat heute Geburtstag. *(Auf der*

Galerie) Dann schauen wir uns den Plan an. Herr Färber, ich habe sehr, sehr viele Wissenschaftler und Philosophen zur Verfügung. Bis gleich. *(Läuft in sein Zimmer)*
Behrens schaut ihm nach.

Färber Behrens, stellen Sie sich vor, was Sie da zu verwalten haben! Eine internationale Welt-Akademie. Ein Ort, an dem Gedanken geboren werden, die werden da auch festgehalten, geordnet und geschliffen! Bis sie so gut sind, dass sie in Europa, vielleicht sogar einmal in Asien oder Afrika Gestalt annehmen! *(Trinkt)* Behrens, wie kriege ich nur Born dazu, den Krieg zu enden? Wir brauchen doch die modernen Ingenieurswissenschaften, ohne die geht es doch nicht.

Behrens Ja … das lassen Sie mal ganz meine Sorge sein, Herr Färber. Das habe ich ja sogar mit ihm und Montag geschafft. Ich habe es schon immer gekonnt, die unterschiedlichsten Leute an einen Tisch zu setzen, und danach sind die alle glücklich wieder aufgestanden. Alle, Herr Färber!

Born humpelt die Treppe mit einer Krücke herunter. Ein Bein ist steif.

Färber Guten Morgen, Herr Born!

Born Morgen. Geht's gut?

Färber Glänzend! Und Ihnen? Behrens sagte, es war ein richtiger Durchschuss.

Born Nee, Streifschuss, aber eben doch der Außenmuskel. Den hat er getroffen. Morgen, Behrens.

Behrens Guten Morgen, guten Morgen, aber man muss auch sagen: Was wäre gewesen, Herr Born, wenn er gar nichts getroffen hätte? Wo säßen Sie dann jetzt?

Montag *(steht oben auf der Treppe)* Er hat alles getrunken! In einem Zug. Und mich angestrahlt! – Guten Morgen, Herr Born. Für Sie habe ich auch einen. Es gibt Cappuccino. *(Läuft zum Automaten)*

Behrens So! Und jetzt kommt mal alle hier in die Mitte!

Montag *(überreicht Born eine Tasse)* Bitte. Zucker?

Born Nein, danke.

Alle stehen in der Mitte.

Behrens Herr Born, ich möchte jetzt, dass Sie Herrn Färber die Hand geben!

Born Klar. Wenn Sie dann mal eben das halten würden? *(Gibt ihm die Krücke und reicht Färber die Hand)* Menschen, die zu kräftig die Hand geben, den' geht's nicht so gut, hab ich mal gehört, Färber?

Behrens Herr Montag, Ihre Hand dazu jetzt! Und dann zuletzt ich.

Montag Warten Sie. Ich hol den Kleinen!

Behrens Nein, nein! Herr Montag, da oben, da … Nach so viel Trinken will der schlafen! – Herr Born! Herr Färber! Es war eine Insel, die Galapagos-Insel, die Charles Darwin zur Evolutionstheorie inspirierte! Meine Herren: Ich weiß, dass unsere Pläne groß sind und gut, und es wird der Tag kommen …

Galapagos-Insel **Inselgruppe im Pazifik**
Charles Darwin **→ Seite 174**

Born *(zu Montag)* Die alten Waffen hat Leonhard ja alle mitgenommen, aber schauen Sie mal! *(Greift in seine Jacke)* Die hat er vergessen. *(Nimmt eine Kugel aus dem Magazin. Zeigt sie Montag)* Eine Kugel hat Napoleon noch drin gelassen, beeindruckend, was? Wie lange diese Kugel da drinnen gewartet hat, wie viele Jahre! Vielleicht ist die was für den Themenpark? Die muss man aber erst noch überarbeiten.

Färber Dann fangen wir jetzt mal an! *(Nimmt ein Bündel Stifte aus der Tasche)*

Behrens Ja, beginnen wir! Montag, Sie suchen die ersten Kandidaten aus. Färber, Sie machen sich an die genaue Ausarbeitung der Pläne und gehen mit Born technische Einzelheiten durch. Ich selbst werde zunächst einmal ein Modell entwickeln, wie wir denn das alles bezahlen. Mir schwebt ein Abkommen vieler Länder vor, die aus ihrem eigenen Interesse eine finanzielle Fürsorgepflicht übernehmen und somit den Zustand der Selbstverwaltung sicherstellen. Meine Herren!

Behrens läuft zur Konferenztafel, nimmt ein Blatt Papier und einen Füllfederhalter und setzt sich. Montag holt sein Notebook, schaltet es ein und notiert sich Stichpunkte. Färber geht inspiriert die Treppe einmal rauf und runter und zeichnet schon auf den Stufen einen Entwurf, zunächst in Kohle. Born sitzt vorne und baut mit einem Schraubenschlüssel die Pistole auseinander. Nach einiger Zeit treten von links ein: Rosana und Rosa Seligmann. Rosa mit einer Spitzhacke. Beide halten kurz inne.

Rosana Seligmann *(läuft auf einen Punkt im Saal zu)* Hier hat Großvater mir diese Uhr geschenkt! Hier hat er gesessen und an seinen Schriften gearbeitet! Rosa, ich sehe, wie Tante Jule da aus der Tür kommt und ihm den Tee hier vor den Sessel stellt!

Rosa Seligmann *(schreitet die Breite der Treppe ab)* Rosana, das passt! Die nehmen wir mit! Die wird abtransportiert! Und den Kronleuchter, den nehmen wir auch mit, der ist stabil!

Rosana Seligmann *(zeigt auf die Treppe)* Wie sollen wir die denn mitbekommen so weit?

Rosa Seligmann Es gibt Schiffe, Kind. Große Schiffe. Und nun verabschiede dich.

Rosana Seligmann *(scheinbar zu den anderen)* Im letzten Sommer war hier ein junger Mann, er arbeitete für Großvater im Garten und war Student an der Universität. Er hatte dunkles Haar. Große Augen. Er wollte Dichter werden. Da. Er sagte es genau da, unter dem Kronleuchter!

Rosa Seligmann Und? Hast du was von ihm gelesen? Wurde er in den Vereinigten Staaten übersetzt? Halt mal die Hacke! *(Geht die Stufen hoch, um die Höhe der Treppe zu schätzen)*

Rosana Seligmann Er liebte die großen Ideen. Und die zärtlichen Menschen. Nur ich glaube, er wusste manchmal nicht, wie diese Ideen in seine Menschen hineinkriegen in dieser Zeit.

Rosa Seligmann 24 mal, ich schätze, 10 Zentimeter Stufenhöhe, macht insgesamt 2 Meter 40! Das passt, that's possible!

Rosana Seligmann Ich habe ihm damals meine Liebe nicht gegeben. Ich weiß bis heute nicht, warum. Er hat mir Briefe, immer wieder Briefe geschrieben, aber ich habe nie einen beantwortet. »Ich küsse deine stillen und schweigenden Schläfen, Prinzessin.« Das hat er immer am Ende geschrieben.

Rosa Seligmann *(läuft die Treppe runter)* Ich weiß. Komm, Schwester, wir gehen. Nach Kalifornien! *(Sie geht.)*

Rosana Seligmann Der Sommer mit ihm, das war die glücklichste Zeit. Einen Sommer, Rosa, einen Sommer. *(Tränen laufen ihr über das Gesicht. Sie dreht sich noch einmal wie ein Mädchen im Kreis.)* Leb wohl. Leb wohl. Mein geliebter Prinz. *(Sie geht.)*

Färber *(schaut auf)* Ich hasse Mehrzweckhallen! Wenn ich eins hasse, dann ist es die Mehrzweckhalle! *(Hält seine Pläne hoch)* Bei uns, da wird jede Bewegung des Geistes einen eigenen Ort bekommen! Aber ich höre schon unsere Kritiker rufen: »Schöne Gedanken! Sehr schöne Gedanken! Sind Sie ein Romantiker oder ein Klassiker?« Ja, wenn ihr so kommt! Da wird ja der beste Denker seine Flügel wieder einpacken müssen! Aber Behrens, man darf jetzt nicht kleinmütig werden! Die Welt ist in die Lage, in der sie sich befindet, durch diejenigen gekommen, die der Möglichkeit bestimmter Ideen jeden Sinn absprechen! Ich sage Ihnen, wenn wir jetzt nicht über diese Leute hinwegschreiten, dann können wir in zehn Jahren Mäuse melken!

Montag *(schaut auf)* Meine Herren, ich habe circa elftausend Wissenschaftler und Philosophen! Ich weiß gar nicht, wo ich anfangen soll.

Färber *(steht auf)* Montag! Stellen Sie sich vor, wenn die alle begeistert und mit einer neuen Zuversicht ausgestattet an ihre Orte gehen! Elftausend Wissenschaftler und Philosophen! *(Fasst sein Herz)* – Auf welcher Energie Sie da sitzen! Verdammt! *(Krümmt sich)* – Wir könnten auch noch Politiker, Ärzte, Unternehmer dazu nehmen!

Montag Herr Färber, Sie kommen jetzt da von der Treppe runter. Warten Sie! *(Läuft zum Sessel. Schiebt ihn in die Mitte)*

Färber Was das für eine Welle wird, Behrens! Wie die sich dann … Wie die dann … Geht gleich wieder. *(Montag führt ihn zum Sessel.)* Jahrelang, da sind die Ideale Ihrer Zeit, Behrens … Die sind in irgendwelchen Sümpfen versickert! Aber jetzt … Jetzt machen wir daraus wieder ein Weltmeer! Scheiße, gibt's hier nicht irgendwo Mineralwasser?

Kalk rieselt von der Decke herunter. Montag setzt Färber in den Sessel. Holt ein Glas Wasser.

Färber Montag, gucken Sie auch nach Ökologen!

Behrens Ja, Ökologen!

Färber Wir brauchen eine neue ökologische Ethik! Wenn die Zukunft nur aus Dummheit und Telekommunikation besteht, ja wie ... Wie sollen wir denn dann bitte weitermachen?

ökologische Ethik
→ Seite 174

Montag Jemand noch einen Cappuccino? *(Legt eine Wolldecke über Färber. Gibt ihm Wasser)*

Färber Antigravitation als Transportantrieb! Ja! Ich plädiere für die Magnetfeldgeneratoren! Das ist ja noch gar nicht erforscht! Da hat die industrielle Mafia in diesem Land ... Die hat da einen Riegel vorgeschoben! Weil in diesem Land, da wird ja vor alles ... alles ein Riegel geschoben! Ich sage Ihnen: Diese Gesellschaft ist eine Gesellschaft mit einem Riegel davor! *(Trinkt und beginnt kurz zu ruhen)*

Antigravitation der Schwerkraft entgegenwirkende Kraft

Behrens Ich nehme noch einen. *(Schreibt, blättert in seinen Papieren)*

Montag *(am Automaten)* Herr Behrens, ich träume von einer Fakultät der Empfindung. Ich meine, wenn wir jemanden finden würden, der uns in der Akademie lehrt, mal *so* zu gucken ... Ich meine ohne Kopf, Herr Born. Man müsste einmal am Tag eine Stunde ohne Kopf auskommen können, aber nicht so, dass wir dann alle gegen die Wand rennen, sondern ... Ja, mit Copiloten! Wie die Kinder!

Fakultät Fachbereich einer Hochschule

Behrens *(steht feierlich auf)* ... Also meine Herren, ich glaube, das Geld, ein wirklicher Spottbetrag für jede Nation, müsste auf eine Art notariell beaufsichtigtes Treuhandkonto namens »Republik Vineta« abrufbereit angesammelt werden. Sagen wir 50 Länder à 500 000 Mark mit einer Vorlaufzeit von drei Jahren. Dann hätte die Akademie ein Startkapital von 75 Millionen! *(Bekommt seine Tasse)*

Färber Herr Behrens, was ist denn das da draußen für ein armseliges Land? Da hat doch jeder nur noch Augen für sein Grüppchen! Da will doch jeder nur noch Platz finden mit seinem Arsch in irgendwelchen Grüppchen! Diese Menschen, sage ich euch, die wollen nichts, und die werden auch nichts wollen, und darum werden wir uns von dieser angepassten fetten Meute trennen! Auf dass der Geist ungehorsam wird! *(Trinkt)* Jetzt bloß nicht wieder kleinmütig werden! Schauen Sie mal, ein Entwurf für das Auditorium! Herr Born, wie viele Stahlseile oben und Stahlträger unten brauchen wir denn? ... Brauchen wir denn, um auf der Insel ausnahmsweise einen Baukörper ohne tragende Wände über die Klippen und das Meer zu hängen?!

Born *(prüft den Lauf der Pistole)* Kommt drauf an, wie viele da reinpassen sollen.

Färber Tausend Zuhörer!

Montag Ich bin gleich wieder da. *(Läuft mit einer Tasse die Treppe hoch)* Ich bring ihm noch einen. *(Läuft in sein Zimmer)*

Born Färber, schauen Sie sich mal diesen Lauf an, der ist auch aus Stahl. Vollstahl! *(Geht zu Färber)* Sehen Sie? Er endet ein kleines Stück zu weit unter der Stelle, wo die Kugel den Schlag bekommt. Ich muss ihn also etwas heben, damit mir das Ding nicht um die Ohren fliegt. Hab ich gerade gemacht.

Färber zeichnet.

Behrens Meine Herren! Wir bekommen jedes Jahr 50 mal 500000 macht 25 Millionen. Die müssen dann aber auch ausgegeben werden! Das heißt: Programme, Programme, Programme! Ich denke zum Beispiel, revolutionär gesprochen, an die Erschaffung eines … »Denktunnels«. Da wird es Buchten geben, in denen die Menschen die Fahrt unterbrechen und denken, unter dem Meer, in der Erde denken, umgeben von Mineralien, Elementen …

Born zielt auf Färber.

Born Total wahnsinnig! Ich wusste gar nicht, dass die schon richtige Visierschienen hatten?! *(Zu Behrens)* Gucken Sie mal! Doppelseitige Daumensicherungen, das konnte ich mir ja noch vorstellen. Aber richtige Visierschienen mit Kornflanken?!

Visierschienen mit Kornflanken Zielvorrichtung

Ein Teil der linken Decke stürzt herab. Schweigen.

Behrens Scheiße, irgendwas stimmt hier nicht.

Montag *(oben auf der Treppe mit einem Buch)* Das gibt's doch gar nicht! Hören Sie mal! Ich les ihm immer vor, das beruhigt, und gerade lese ich »Nils Holgersson und die Wildgänse«, und da landet er mit den Wildgänsen an einem Strand, und dann ist da eine Stadt, eine herrliche Stadt, aber fünf Minuten später ist sie plötzlich wieder weg, einfach weg. Ihre Bewohner, die waren einmal sehr reich, aber dann, dann wurden sie habgierig und verschwenderisch und lebten in Saus und Braus – und zur Strafe, da wurde alles von einer fürchterlichen Sturmflut … Ja und nun raten Sie mal, wie diese Stadt … Ist das da gerade runtergefallen?

Nils Holgersson
➔ Seite 174

Schweigen. Färber zeichnet. Born steckt die Pistole ein. Behrens starrt auf die Deckentrümmer.

Montag Warten Sie, ich hab noch was. Moment! *(Läuft zur Seite. Kommt zurück)* Eine Schallplatte! Behrens! Da! Schauen Sie mal! Die hab ich gefunden! Und jetzt passen Sie mal auf! *(Rennt zur Seite. Kommt wieder)* One! Two! Three …

The Beatles! – Montag schaut Behrens mit großen Augen an. Rennt zur Seite, kommt zurück und stellt Lautsprecher auf die Galerie. Behrens schaut erst Born an, dann Färber. Montag beginnt auf der Galerie vorsichtig zu tänzeln. Färber richtet sich auf. Behrens bewegt jetzt leicht seinen Fuß. Born steckt Behrens einen Wecker ins Jackett. Montag hat die Hände dazu genommen und singt. Behrens schnippt mit den Fingern. Färber im Sessel schwingt zeichnend seinen Bleistift im Takt. Montag tanzt die Treppe herunter auf Behrens zu. Born geht die Treppe rauf und ab. Färber wirft beschwingt eine fertige Zeichnung in die Luft. Montag und Behrens werfen ihre Jacken weg und tanzen.

Färber *(ruft sinngemäß)* Die werden sich noch alle wundern! Alle werden die tanzen! Im Tanzsaal! Im Club! Hier! *(Wirft die Zeichnung in die Luft)* Montag?!
Montag *(ruft auch sinngemäß)* Behrens! Die Beatles!
Behrens *(ruft)* Montag! Die werden alle tanzen!
Montag Behrens! Die ganze Welt wird tanzen! – Färber!? Sie haben Recht! Das Leben, das ist heller geworden! – Ja! Kommen Sie! *(Tanzt auf Färber zu)* – Ich nehme Ihre Hand, mein Freund! – Kommen Sie! – *(Streckt ihm die Hände entgegen)*

Ein Schuss.

Montag taumelt. Born steht mit erhobener Pistole auf der Galerie. Montag fällt auf die Knie. Sein Hemd ist rot, zerfetzt. Er bricht zusammen.

Das Lied ist zu Ende.

Born nimmt einen Koffer, geht die Treppe hinunter und weg.

Färber hält sich die Hände vor Gesicht und Ohren. Behrens steht regungslos da. Dann nimmt er seine Jacke und geht hoch in sein Zimmer.

Schneeflocken fallen durch die eingestürzte Decke.

Behrens kommt zurück. Bleibt auf der Treppe stehen. Es scheint, als wolle er eine Ansprache halten. Er setzt an. Bricht ab. Setzt wieder an. Wiederholt zwei, drei Tanzschritte. Bricht ab. Läuft die Treppe hoch in sein Zimmer.

Ein leichter Wind geht durch den Raum.

Behrens kommt zurück mit Koffer. Läuft die Treppe hinunter. Er bedeckt Montag mit den Plänen von Vineta. Dann nimmt er seinen Koffer und geht. Er steht in der Tür.

Behrens Meine Damen und Herren, liebe Beatles … *(Er geht ab.)*

Langsam bewegt sich jetzt die Treppe nach hinten, bis sie mehr und mehr verschwindet. Dann ist sie weg. Man sieht im Hintergrund eine eingestürzte Mauer, dahinter Wälder, in denen Behrens eine lautlose Ansprache hält und mit seinem Koffer tanzt.

Färber sitzt in seinem Sessel und zeichnet.

Es schneit und schneit.

ENDE

Materialien

Biografie

Moritz Rinke gehört zu den bekanntesten deutschen Gegenwartsdramatikern. Er wurde 1967 im niedersächsischen Worpswede, der ehemaligen Künstlerkolonie, geboren. Er besuchte die Waldorfschule und studierte nach dem Abitur Angewandte Theaterwissenschaften in Gießen. Während des Studiums schrieb er Kolumnen, Reportagen und Glossen für die »Süddeutsche Zeitung«, die »Frankfurter Allgemeine Zeitung«, »Die Zeit« und »Theater heute«. Danach war er als Redakteur für den Berliner »Tagesspiegel« tätig. Für seine Reportagen wurde er zweimal mit dem Axel-Springer-Preis ausgezeichnet.

1995 debütierte er mit seinem Stück »Der graue Engel« als Dramatiker. Zwei Jahre später wurde er mit seinem zweiten Stück »Der Mann, der noch keiner Frau Blöße entdeckte« für den Mülheimer Theaterpreis nominiert; später erhielt er für dieses Stück den Literaturpreis des PEN-Club Liechtenstein. Im Jahr 2001 wurde sein Drama »Republik Vineta« von der Theaterkritik zum besten deutschsprachigen Stück des Jahres gewählt. Ein Jahr später wurde seine Neubearbeitung des Nibelungen-Stoffes anlässlich der Nibelungen-Festspiele in Worms uraufgeführt. Rinke lebt zurzeit als freier Autor in Berlin.

Moritz Rinke

»Die Wahrheit liegt im Ofen« 2004

Man muss nur eine Weile für das Theater schreiben, um zu wissen, dass sich die Arbeit an der Dramatik in zwei Welten teilt. Bei der ersten denke ich immer an meinen Vater, der ist Goldschmied und sitzt oft lange Zeiten hinter seinem Werktisch mitten im Worpsweder Moor und modelliert. Die Fingerkuppen streichen über das blaue Wachs, Formen entstehen, werden zusammengedrückt und aufs Neue ausprobiert, im Licht einer Lampe besehen, und da sieht man sogar im Wachs die Oberfläche von meines Vaters Fingerkuppen. Ich habe als Kind oft neben ihm gesessen und zugeschaut, das war so eine Art Trance, immer auf die geduldigen Finger meines Vaters zu schauen, der zärtlich das Wachs in Formen streicht.

Trance **schlafähnlicher Zustand**

Oft bin ich dabei auch eingeschlafen und hin und wieder durch einen Schrei, einen Fluch wieder aufgewacht. Der Schrei war der Fluch nach dem Guss. Das Modellierte, die ersonnene Form wird ja, ums ganz genau zu erklären, in eine gipsartige Form eingebettet und dann in einem Ofen ausgebrannt; also, das Wachs fließt aus der Form, flüssiges Gold wird dafür hineingegossen, danach wird der Guss ins Wasser geworfen, es zischt, und dann kann man sehen, ob die Form im Ofen geplatzt ist und ob es grauenhafte Poren gibt.

Der ganze Vorgang wird in der Goldschmiedekunst als »verlorene Form« beschrieben, das heißt, wenn der Guss misslungen ist, ist auch die Form weg, man kann wieder von vorn anfangen – deshalb auch manchmal der Fluch meines Vaters und mein abruptes Erwachen.

Ein bisschen so geht es mir heute mit der Theaterarbeit. Das Modellieren im Moor am Werktisch mit Lampe, das ist eine sehr friedfertige Phase, dann aber kommt der Guss. Der Guss, der 1000 Grad heiße Ofen, das ist das Theater, die zweite, die höllenheiße Phase, aber da muss man rein, wenn am Ende Schmuck in Metall, vielleicht sogar Gold dabei rauskommen soll.

Oft hat ein Theaterautor nach dem Ofen und der Uraufführung das Gefühl der verlorenen Form, also die Veröffentlichung und letztendliche Bewertung entspricht gar nicht dem Ergebnis seiner ersten, friedfertigen Phase, also das Gesehene und nicht Geschriebene bestimmt über das Schicksal seines Stückes. Und genau an diesem Punkt muss ein Theaterautor vermutlich die Entscheidung treffen, ob er das weiter mitmachen will oder nicht. Wenn ja, dann muss er an meinen Vater und Sepp Herberger denken und sich sagen: Die Wahrheit liegt im Ofen! Und die Proben dauern sieben Wochen, das sind in Relation zur Arbeitszeit des Autors genau 90 Minuten!

Sepp Herberger
→ Seite 175

Theaterautoren sind seltsame, oft traurige, dann wieder träumende, hin und wieder begeisterte Zwitterwesen; sie leben mit einer Hälfte in der Literatur, wollen auch mit den Maßstäben des Literarischen bewertet werden, aber wenn es gezischt hat nach dem Guss, dann merken sie oft, dass sie ganz anders betrachtet werden und dass sie einsam dahinmonologisieren, wenn sie sich jetzt auf die Zeit vor dem Ofen berufen.

Mein Lieblingssatz in dieser Hinsicht kommt immer noch vom Feuilletonchef der Hamburger Wochenzeitung »Die Zeit«, der ausgerechnet bei mir als Theaterkritiker in Worms am Rhein debütierte: »Warum lässt er Brünhilde sich im Negligee räkeln vor schmelzenden Eisblöcken?« Aber: Ich habe Brünhilde nie im Negligee vor schmelzenden Eisblöcken sich räkeln lassen, Herr Jessen! (Das trage ich nun schon zwei Jahre mit mir rum.) Warum weiß er denn nicht, dass sogar Kostüm- und Ausstattungsabteilungen ganze Dramen entscheiden können?!

Feuilletonchef **Leiter des Kulturteils einer Zeitung**
Brünhilde **Frauengestalt im »Nibelungenlied«**

Was also liegt alles zwischen dem Skript eines Autors und

dem Feuilletonsatz ganz am Ende? Eine Strichfassung, eine Konzeption, die Kostümabteilung, Regie, Probenstimmung, Talent, Tagesform, die gerade politische Gesinnungslage, Keuchhusten des gesamten Publikums. (Ich habe sogar schon den Zuschauern Fisherman's Friend angeboten, um die Rezeption zu beeinflussen.)

Strichfassung bühnenfähige Textfassung

Am schönsten ist das Autorenleben bei den Mülheimer Theatertagen an der Ruhr, wo ja eigentlich nicht das Theater bewertet werden soll, sondern ausschließlich der Text des Autors, aber eben Aufführungen den Text vorstellen. Ich glaube, es gibt keinen Autor, der jemals das Gefühl hatte, es würde in Mülheim an der Ruhr über ihn geredet! Ich kenne Dutzende von Autoren, auf die das Mülheim-Publikum bei den Diskussionen einhämmerte und die sich allesamt beim ersten Mal noch freuten: Na, Gott sei Dank redet die Jury bei der großen Abschlussdiskussion natürlich nur über den Text …

Die Wahrheit liegt im Ofen. Man kann diese Erkenntnis gut bei einsamen Spaziergängen an der Ruhr verarbeiten und sich jedes Jahr in Mülheim aufs Neue sagen: Ich mach trotzdem weiter! Weil ich das Theater so liebe!

So ist das bei mir. Als Ungarn 1954 gegen Deutschland im Berner Wankdorfstadion spielte, wie sah das auf dem Papier aus, und was ist dabei herausgekommen? Ein Wunder, ja. (Ich habs aber auch heute mit Herberger!) Und für diese Wunder, die meist Schauspieler bewirken, ein fantasievoller Regisseur, ein lenkender Dramaturg, ein weder alles verschluckendes Bühnenbild noch verunstaltende Kostüme – dafür lieben wir Autoren das Theater.

Natürlich gibt es bei einigen Mutmaßungen, wie einem dieses Wunder öfters zuteil werden könnte. Selber inszenieren? (Machen ja einige schon, da entsteht wohl gerade eine ganz neue Form, so eine Art Dramaseur). Oder so schreiben, dass es möglichst wenig Drama ist und der Regisseur, der eigentlich auch gern Dramaseur wäre, Lust bekommt, das Stück möglichst toll zu machen?

Man kann natürlich auch weiterhin Dramen schreiben, die nach Theater aussehen, und dabei hoffen, dass es Regisseure gibt, deren Lust und Liebe darin liegt, zu verlebendigen, was ja schon schwer genug ist; Figuren aus der Fantasie zum Bühnenleben zu erwecken, Schwächen aufzufangen, Stärken, Inhalte auszubauen, Bilder für die vorausgegangenen literarischen Erfindungen zu finden.

Das muss ja kein Nachplappern sein, im Gegenteil: Die herkömmlichen Theaterautoren, die noch keine Dramaseure sind, das sind ja keine Pedanten, die mit Lesebrille auf der Probe den Konjunktiv einfordern, nein, wir merken schon, wenn man uns aus einer anderen Richtung und mit einer eigenen Erfindungsgabe die Hand reicht.

Pedanten Genauigkeitsfanatiker

Natürlich gibt es auch Theaterstücke, die gut sind, die genauso inszeniert werden, wie sie geschrieben sind, und alles ist trotzdem total langweilig. Da fehlte dann eindeutig der Schmelzvorgang, die Einverleibung der vorgegebenen Form in etwas Eigenes, Neues, verwandelt Verwandtes, oder, so Gott will, Kongeniales – mit der Ahnung jener einstigen Form der Fingerkuppe.

Kongeniales geistig Ebenbürtiges

Je mehr ich darüber nachdenke, umso mehr merke ich, dass das Theater entweder das Wankdorfstadion ist oder ein Ofen. Ich glaube, ein Ofen. Und dass wir da reinmüssen – wie die Wachsmodelle meines Vaters. Man weiß nie, wie die nach der Glut und dem Zischen aussehen. Ob es einen Schrei gibt, von dem ich wegen der verlorenen Form erwache. Oder ob ich auf dem Werktisch meines Vaters weiterträume.

Arbeitsanregungen

M

1. Ihre Schule hat Moritz Rinke zu einer Lesung seiner »Republik Vineta« eingeladen. Sie wurden darum gebeten, in Leben und Werk des Autors einzuführen. Entwerfen Sie einen Stichwortzettel für Ihren Vortrag und halten Sie ihn.

2. Erläutern Sie den Aufsatztitel »Die Wahrheit liegt im Ofen« von Moritz Rinke. Konkretisieren Sie ihn anhand der Arbeit des Theaterautors. In welchem Dilemma befindet sich dieser nach Auffassung von Rinke?

3. Informieren Sie sich über die Mülheimer Theatertage und erklären Sie die Aussage des Textabschnitts Seite 105, Zeile 7–16.

4. In einem Interview äußerte sich Rinke über sein Selbstverständnis als Autor: »Ich saß gerade im Volksparkstadion und habe mir überlegt, welche Rolle der Autor beim Fußball spielen würde. Der Autor ist nicht der Trainer (das ist der Regisseur), nicht die Spieler (das sind die Schauspieler), und dann dachte ich, er ist der Torwart, weil er die Tore reinkriegt, wenn die Mannschaft schlecht spielt. Stimmt aber auch nicht, denn der Torwart kann ja glänzen, wenn die anderen nicht gut in der Abwehr stehen. Dann aber fiel das 3 : 2 gegen den HSV, und da wurde mir klar: Der Autor ist der Stadionsprecher, der das kommentieren darf, was schon passiert ist.« Erläutern und beurteilen Sie die Aussage.

Von süchtigen Männern. Ein Interview — 2003

Die folgenden Fragen und Antworten stammen aus einem Interview, das Rudolf Denk und Klaus Hoggenmüller mit Moritz Rinke im Mai 2003 im Freiburger Stadttheater führten.

Klaus Hoggenmüller: Moritz, wusstest du, dass Vinetas Glocken rein silbern klangen und der Wohlstand auf der Insel so groß war, dass die Mütter ihren Kindern den Hintern mit Semmeln abwischten?

Moritz Rinke: So genau wusste ich das nicht. Ich wusste, dass die Bürger auf Vineta ein sehr reiches Leben führen durften. Wohl auch mit einem sehr großen Hohn und Übermut – und dafür sollen sie ja auch bestraft worden sein. Zumindest war die Insel nicht mehr da, als ich sie sehen wollte.

K. H.: Wie sahen deine Recherchetätigkeiten für »Republik Vineta« aus?

M. R.: Vineta ist ja sozusagen nur der geborgte Name für ein Utopieland, für eine Utopie-Verheißung. Ich habe nach bestimmten Arbeitsfeldern recherchiert, die ich mir gut vorstellen konnte in dem Projekt. Ich habe erst einmal geschaut, wie wird eigentlich eine Stadt geplant. Es gibt da in England Modelle, in denen immer bestimmte Fachleute zusammentreffen. Und dann lässt man eine Stadt erst einmal am Reißbrett entstehen. Das war auch Vorbild für mich. Man überlegt sich, was braucht man: Ingenieure, Planer, Unternehmensberater, Architekten. Ich habe natürlich die Berufe ausgewählt, die sich für die Bühne besonders gut eignen. Ein Kapitän und ein Unternehmensberater – das birgt schon Konflikte. Der Bürgermeister, der auch Repräsentant sein will, der im Kleinen für mich auch Bundespolitik darstellen könnte. Das Stück ist ja so aufgebaut, dass es eine wirkliche Männer-Ich-AG ist. Männer, die gewissermaßen die Arbeit wie einen Fetisch vor sich hertragen und die eigentlich gar nicht mehr ohne Arbeit leben können. Ursprünglich wollte ich das Stück ganz konkret über Arbeitssucht machen und hatte mir die Lauterbacher Mühle am Bodensee angeschaut. Eine Herzklinik, wo sehr viele Politiker absteigen, die dort aber angeblich auch nicht aufhören können zu arbeiten und abends dort sitzen und weiter Weltpolitik machen, und immer, wenn ein Arzt hereinkommt, dann ist irgendwie Schluss … Mich haben diese hochmotivierten, permanent Energie verbrennenden Männer sehr interessiert, die sozusagen in höherem Auftrag nicht mehr zur Ruhe kommen.

Rudolf Denk: Ich habe in meinen Ausführungen über »Republik Vineta« die Formulierung gebraucht, dass diese Männer nach Arbeit süchtig sind: Ich-süchtige Männer …

M. R.: Das ist total wichtig. Sobald die Arbeit wegfällt, fallen die Männer ja zusammen und plötzlich muss man entscheiden, wie weitermachen.

R. D.: Diese Planungsgruppe ist ja in Wirklichkeit eine Therapiegruppe. Wann kam Ihnen dieser Einfall, der ja zu einem dramaturgischen Kniff wird?

M. R.: Es ist doch vorstellbar, dass es tatsächlich eine Firma gibt, die eine Abteilung von hoch bezahlten Mitarbeitern hat, die sie nicht loswerden konnten, weil es teurer wäre, sie zu kündigen, als sie weiter zu beschäftigen. Also haben sie eine Abteilung gegründet, in die diese Männer hingehen, die wissen von nichts, und planen und machen und

Fetisch
Abgott, Glücksbringer

tun. Nur alles, was sie in die Welt faxen, kommt in eine Warteschleife und bei der Direktion heraus. Die gucken, ob etwas Sinnvolles dabei ist, und der Rest landet im Papierkorb.

K. H.: Wie bist du zu dieser Idee gekommen? Gab es da eine Initialzündung, bei der du gesagt hast, so etwas möchte ich gerne machen?

M. R.: Ja, das waren verschiedene Momente. Ich habe verschiedenste Männer in großen Positionen erlebt und dachte mir, mein Gott, die müsste man doch mal alle auf einer Bühne versammeln, was das für eine schöne Dynamik ergäbe. Ich habe beim Recherchieren einige Initialzündungen bekommen, z. B. im Arbeitsamt in Berlin, wo ich recherchiert habe. Dort wurde gerade das Arbeitsamt umgebaut für das »Arbeitsmodell 2000«. Das hieß ganz konkret, dass verschiedene Abteilungen innerhalb des Arbeitsamtes zusammengelegt wurden, d. h. Arbeitsplätze wurden gestrichen, was dann für helle Aufregung im Arbeitsamt selbst sorgte. Ich habe mich mit Leuten dort unterhalten. Wie absurd das war, wie bei *Kafka*, wie die sozusagen um ihren Arbeitsplatz fürchteten im Arbeitsamt, das ist schon ironisch und sehr komisch.

Kafka
→ Seite 175

K. H.: Wie lange hat es gedauert, bis du dann wirklich angefangen hast zu schreiben?

M. R.: Ich habe einen Riesenordner zu Vineta gemacht, zum Thema »Ende der Arbeit«, diese These von *Rifkin*. Das Stück wird ja eher aktueller, als dass es verjährt; dass wir uns den Rändern dieses Systems nähern, zeichnet sich ja ab. Die Hürde derjenigen, die dort in den fiktiven Ruhestand geschickt werden, wird ja immer niedriger – also die Leute werden ja immer jünger. [...] Ich habe aus verschiedensten Bereichen Material gesammelt, um das auch wirklich zu beglaubigen.

Arbeitsanregungen

M

1. Sie sind Redakteur der Schülerzeitung Ihrer Schule und möchten ein Interview mit Moritz Rinke führen. Welche Fragen stellen Sie ihm?

2. Benennen Sie die wesentlichen thematischen Felder, auf denen Rinke vor und während der Arbeit an seinem Stück recherchiert hat.

3. Moritz Rinke bietet dem Hamburger Thalia Theater sein Dramenprojekt »Republik Vineta« an. Schreiben Sie aus seiner Sicht ein Exposee des Stückes.

4. Kennzeichnen Sie die Tätigkeitsbereiche der im Stück agierenden Figuren und vergleichen Sie diese mit dem jeweils von ihnen früher ausgeübten Beruf.

Machtspiele der Führungselite

Dieter E. Zimmer

Stellenteil — 1979

Passen Sie so wie Sie aussehen
in ein gediegenes Unternehmen?
Verbreiten Sie keine Missdüfte
in einer gepflegten Arbeitsatmosphäre?
Sind Sie rücksichtslos zukunftsorientiert?
Sind Sie unbegrenzt durchsetzungsfähig?
Sind Sie von liebenswürdigem Wesen
und bis ins Letzte kostenbewusst?
Verbinden Sie charakterliche Festigkeit
mit ausdauernder Flexibilität?
Würden Sie sich mit einer gesunden Portion Aggressivität
in unsere harmonisierende Betriebsgemeinschaft einfügen?
Sind Sie unseren verschiedenen Sozialleistungen gewachsen?
Behalten Sie ein einnehmendes Erscheinungsbild
auch angesichts des Teams unserer Führungskräfte?
Sind Sie belastbar durch Fußtritte?
Können Sie Abschusslisten zusammenstellen?
Geht Ihnen die Überzeugungskraft nicht aus
wenn Sie selber angeschossen werden?
Sind Sie denn überhaupt leistungsbereit?
Möchten Sie etwa Ihrem Untergang zuvorkommen?
Nässt Sie der Regen?
Zerwühlt Ihnen der Sturm die Frisur?

Zertritt Ihnen das Salz nicht die Stiefel?
Knautscht Ihre Hose das Einwinkeln der Knie?
Kratzen Glasscherben Ihre Haut blutig?
Verfallen Sie mit den Jahren?
Werfen Epidemien Sie um?
Verformt sich Ihr Gesicht im freien Fall?

Wenn Sie unsern Ansprüchen zu genügen glauben
dann bieten Sie sich uns an
und wir kaufen Sie uns

Moritz Rinke

Welcome Future: www.meeting-the-best.de — 2000

Es ist schon ein erhebendes Gefühl, auf eine Zukunftskonferenz zu gehen! Hinein durch eine automatische Drehtür und dann zur »Get ready-tune in«-Rezeption! Allerdings kann einen dabei der eigene Anachronismus niederschmettern. Zumindest ist das so, wenn ein herkömmlicher Mensch zwei Wochen vorher mit einem Telefon bei einer »Coaching GmbH« in Wolfsburg anruft, um sich für die Zukunftskonferenz »Meeting the best« in Berlin anzumelden. Wenn er dann nämlich eintrifft im Maritim-Hotel, dann steht sein Name nicht auf der Teilnehmerliste, und er darf darum auch nicht eintreten in die Zukunftskonferenz, sondern muss draußen Fragen von der »Coaching GmbH« beantworten wie: »Haben Sie Ihre Akkreditierung gemailt für Welcome Future oder für Sensing Futures?! Und wenn ja, für welche SphereLabs bitte?«

Anachronismus das nicht Zeitgemäße

Akkreditierung hier: offizielle Anmeldung

»Sorry, ich hab einfach nur angerufen! Ich hab mit Frau Mackensen telefoniert! Die Redaktion hat ihr sogar was gefaxt! Frau Mackensen weiß Bescheid!«

»Tut uns Leid, http://www.meeting-the-best.de, Sie sind nicht registriert!«

Ja, ich bin einfach nicht registriert. Auf der Zukunftskonferenz laufen bereits die hochkarätigen Eröffnungsvorträge von Koryphäen der internationalen Zukunftsforschung, jetzt gerade beginnt zum Beispiel »The world in the global dialogue«, darauf habe ich Jahre gewartet, aber wenn man einfach nur mal Frau Mackensen in Wolfsburg mit einem Telefon anruft, dann geht danach nichts, und man ist nicht registriert in http://www.meeting-the-best.de.

Koryphäen hervorragende Spezialisten

Faxen ist ja anscheinend auch total primitiv. Gemailt! Hätte ich gemailt wie jeder anständige Mensch, dann wäre ich wahrscheinlich noch pünktlich gekommen zum vierten Vortrag mit dem Titel »The future belongs to those who shape it« – that means: »Die Zukunft gehört denen, die sie gestalten.«.

Der Redner ist Dr. rer. pol. Dr. h. c. Peter Hartz. Hartz ist Mitglied des Vorstandes der Volkswagen AG in Wolfsburg, weil nämlich Volkswagen der Gastgeber der Zukunftskonferenz ist. Die besten Denker aus aller Welt sollen Prognosen über die globale Arbeitswelt von morgen abgeben und erklären, was in Zukunft wichtig ist. »Am wichtigsten«, so Volkswagen in der Broschüre, »ist der Mensch mit all seiner Emotionalität.«

Wenn man den Vorsitzenden Hartz hört, wie er im Maritim-Saal vor 500 Teilnehmern seine Rede hält, dann klingt das so: »Wir brauchen einen neuen globalen work-value.« Oder: »Meine Damen und Herren, eine neue Gewichtung im Human-Space ist anzustreben.« Sehr häufig fällt auch der Begriff »Innovationscampus«. Der »Innovationscampus« ist ein »Know-how-Zentrum für prozessorientierte Aufgaben«, die man jetzt, so Hartz, in Wolfsburg entstehen lasse unter dem neuen »key-concept« (Schlüsselkonzept): »Autovision«. Die neue globale Autovision von Volkswagen ist also der emotionale Mensch in einem neu geschaffenen Human-Space.

Dagegen ist eigentlich überhaupt nichts einzuwenden, und man möchte sich auch richtig freuen für die globalen Volkswagen-Freunde, aber wenn die Sache so ins Werk gesetzt wird, wie der Vorsitzende seine Rede hält, dann wird das vermutlich nichts. Die permanent einfließenden englischen Vokabeln gehen nur sehr mühselig über die Zunge. Meistens sind die Sätze zu lang, sodass, wenn sie am Anfang abgelesen wurden und dann auch mal frei gesprochen werden wollten, die Grammatik am Ende einfach nicht mehr stimmt. Typisch zum Beispiel war diese Formulierung: »Für Menschen von Menschen durch Menschen«, abgeschlossen mit dem frei erfundenen Satz: »Das ist der Sinn dahinter, the new sense.«

Erahnen konnte man den Sinn schon eher in einem Vortrag von John Naisbitt, einem der Stars im Future-Geschäft. Naisbitt fordert, man müsse der High Tech nunmehr den »High Touch« gegenüberstellen. High Touch meint, der Mensch müsse in Zukunft in eine hohe menschliche Berührung kommen. Wie aber kommt man in eine hohe menschliche Berührung, in den High Touch? High Touch, so Naisbitt, sei noch nicht, wenn ich zum Beispiel in einem Hotel anrufe und eine Stimme auf mich einredet, was sie für mich alles tun möchte, bevor ich überhaupt ein einziges Wort gesagt habe. Nein, High Touch sei vielmehr dies: die »Rückeroberung der Geschmackssinne«. Bis 30 sei der Mensch ein Wesen mit Poesie, ab 30 aber werde er zur Maschine, und darum müsse jetzt Kultur in die Betriebe. Naisbitt fordert sogar richtige Dichter. Dichter in die Betriebe! Die Angestellten dürften nicht nur einen Internet-Zugang haben, sondern jemand müsste ihnen auch mal mit dem Mund Rainer Maria Rilke vorlesen und sie zum Schreiben mit echter Tinte anregen.

Rainer Maria Rilke
deutscher Dichter
(1875–1926)

Man kann sich das ja schon richtig vorstellen, wie Herr Hartz demnächst bei VW Poesie-Abende zur Rückeroberung der Geschmackssinne veranstaltet (»back to the taste«), denn gutwillig sind sie ja, die zukunftsorientierten Vorsitzenden. […]

Am nächsten Tag ging es in die »Sphere-Labs«. Die »Sphere-Labs« sind die »acht Sphären der Zukunft«, erfunden von dem Trendforscher Matthias Horx, der den Zukunftskongress im Auftrag von VW strukturierte. Es gibt zum Beispiel die Techno-Sphäre, die Consumer-Sphäre oder die Polito-Sphäre, für die Peter Glotz als Referent genannt wurde. Ich entschied mich für die Body-Sphäre am Vormittag und die Mind-Sphäre am Nachmittag. Beides war ein Fehler. […]

Peter Glotz
→ Seite 175

Die Mind-Sphäre fand am Nachmittag im Jüdischen Zentrum statt, und das Schönste daran war das Jüdische Zentrum und die kurze Führung einer geistvollen, VW-fernen Frau durch das jüdische Leben in Berlin. Dann sprach Mihaly Csikszentmihalyi, der Glücksforscher, über »the personal production of luck«. Aber da war ich schon zu müde, um zu verstehen, wie man im »Nine-to-five«-Zeitalter in den nötigen »flow« kommt, in irgendein »Fließen«, das beim Arbeiten, also during the business, einen »victory for the soul« erzielen soll.

Was wird nun bleiben von der Zukunftskonferenz?

Ich denke mal, VW Volkswagen hat wahrscheinlich bald ein paar neue Schiebedachzulieferer, Herr Hartz wird in Wolfsburg demnächst innovative Poesie-Abende im Know-how-Zentrum einführen und Horx & Co sind wieder um ein paar hunderttausend Mark reicher. Die Teilnahmegebühr betrug nämlich by the way 4600 Mark plus Mehrwertsteuer.

Daniel Goeudevert

Der »Nestbeschmutzer« — 1998

Steigt man in der Hierarchie eines Unternehmens bis zum Vorsitzenden, dann befindet man sich meist auch auf der letzten Etage des Firmengebäudes. Und je weiter man aufsteigt, desto mehr verwandeln sich die Fenster in Spiegel. Auf der letzten Stufe der Hierarchie schließlich ist man nicht nur allein, sondern man hat auch keine Fenster mehr. Der Blick auf die Außenwelt ist verwehrt. Man sieht nur noch sich selbst. Auch die Mitarbeiter, mit denen man verkehrt, stellen ständig einen Spiegel auf: Gucken Sie mal, Chef, Sie sind der Beste. Selbst wenn man versucht, sie zu Widerspruch oder Dialog zu animieren, bekommt man selten eine Resonanz, die zu weiterem Nachdenken stimuliert.

stimuliert anregt

Die Medizin beschreibt Autismus wie folgt: Psychische

Störung, die sich in krankhafter Ichbezogenheit, effektiver Teilnahmslosigkeit, Verlust des Umweltkontaktes, Rückzug in die eigene Welt äußert und manchmal von Paranoia begleitet wird. So oder zumindest in vielerlei Hinsicht ähnlich könnte man auch die psychische Verfassung eines Topmanagers beschreiben.

Paranoia **Wahnvorstellungen**

Als sich Ende 1995 in der Fernsehsendung »Talk im Turm« der ausgeschiedene Vorstandsvorsitzende der Bremer Vulkan AG vor die Kamera stellte und schilderte, wie er das Unternehmen geführt hatte, das kurz darauf in Konkurs gehen musste, geriet ihm dieser Auftritt zu einem »Talk im Elfenbeinturm«. Deutlich führte der ehemalige Vorstandsvorsitzende dem Fernsehpublikum vor Augen, dass er mit der Außenwelt überhaupt nicht mehr zurechtkam und dass er nicht begriffen hatte, weshalb und wie es mit »Vulkan« so weit hatte kommen können. Die affektive Teilnahmslosigkeit des Mannes wurde in dieser Sendung offensichtlich. Wenige Wochen später wurde er verhaftet. Die Juristen machten ihn haftbar für kriminelle Manipulationen in der Firma, von denen nichts gewusst zu haben er schwerlich wird behaupten können.

Elfenbeinturm **Symbol für selbst gewählte Isolation**

affektive **gefühlsmäßige**

Ich möchte betonen, dass dieses Beispiel eher ein Extrem als repräsentativ für die Kaste der Spitzenmanager ist. Aber es zeigt, wie weit das Verhalten einzelner aus dieser Gruppe degenerieren kann. Dass es überhaupt zu solchen Deformationen kommt, ist weder zufällig noch der kriminellen Energie Einzelner zuzurechnen, sondern vor allem auch ein Ergebnis der systemischen Strukturen der Manager-Welt. Das Leben des Managers ist total fremdbestimmt – es zwingt geradezu zur Aufgabe eines eigenen Ich. [...]

systemischen **das gesamte System betreffenden**

Es entspricht der menschlichen Psychologie, dass ein so fremdbestimmtes Wesen früher oder später die Realität nicht mehr als seine begreift, als eine Welt, die er gestalten und mit seiner Binnenwelt in eine ausbalancierte Beziehung bringen kann.

Was dann folgt, ist die erste Stufe dessen, was die Verhaltensforscher Dissoziation nennen. Der Manager zieht sich auf sein eigenes Ich zurück, plastischer ausgedrückt, er wird egozentrisch. Und da ihm keiner ernsthaft zu widersprechen wagt, kann sich seine Egozentrik ungehindert wie Mehltau auf die ganze Firma legen. Das ist in der modernen Gesellschaft ein schweres Handicap. Es lähmt, es macht unbeweglich, unkooperativ und ideenlos. […]

Dissoziation **Zerfall von zusammenhängenden Denk- und Verhaltensabläufen**

M

Tony Schwartz

»Mein Name ist Tony, und ich bin ein Workaholic.« — 2002

Vor ein paar Wochen flog ich an einem Sonntagmorgen bei Tagesanbruch nach Florida zu einem Geschäftstermin. Es ging um ein Projekt, das Angestellten helfen soll, ihre Arbeitsbelastung durch Erholung auszugleichen. Wir arbeiteten bis spät in den Abend hinein und setzten die Sitzung am frühen Montagmorgen fort. Wir arbeiteten sehr intensiv bis 14 Uhr, bevor ich nach New York zurückflog. Während des Fluges arbeitete ich ununterbrochen an meinem Laptop, ohne auch nur einmal aufzublicken, unterwegs vom Flugplatz nach Hause erledigte ich Telefonate über mein Mobiltelefon, zu Hause angekommen gab ich meiner Tochter einen Begrüßungskuss und hastete in mein Arbeitszimmer, um die aufgelaufenen E-Mails zu beantworten. Um 18 Uhr zog ich ein frisches Hemd an, wechselte meinen Anzug, stieg wieder in mein Auto und raste zu einem wichtigen Geschäftsessen. Dieses dauerte bis 22 Uhr. Auf der Heimfahrt informierte ich meinen Geschäftspartner über die Ergebnisse per Mobiltelefon. Wir telefonierten noch, als ich bereits in unsere Auffahrt einbog. In der Absicht das Gespräch zu beenden, bevor ich ins Haus gehen würde, blieb ich im Auto sitzen. Der Empfang wurde schlechter. Ich stieg also aus und ging umher, um eine bessere Verbindung zu bekommen. Als Nächstes sah ich mein Auto durch unseren abschüssigen Vorgarten rollen, geradewegs auf die 10 Meter entfernte Natursteinmauer unserer Nachbarn zu. Auf der Jagd nach dem Auto sprang ich quer durch unsere Blumenbeete, schlüpfte im letzten Moment auf den Fahrersitz und erwischte die Handbremse. Mit einem Ruck kam das Auto zum Stehen, gerade eine Handbreite vor der Mauer.

Ich glaube an Gleichnisse. Als ich mich von meinem Schock erholte, erschien mir die Botschaft eindeutig klar: Ich war es, der kurz davor war gegen die Wand zu knallen. Ich hätte besser aufpassen sollen.

Urs Widmer

Top Dogs — 1997

1. Gipfelkonferenz

Alle. Die Schauspieler kommen einzeln auf die Bühne. Alle essen ein Gipfeli. Deér tritt auf. Er weiß noch nicht Bescheid im Ritual des Outplacement-Büros. Er wird eingekreist.

Jenkins Jenkins.
Deér Sehr erfreut. Deér.
Bihler Bihler.
Deér Deér.
Müller Müller.
Deér Deér.
Neuenschwander Neuenschwander.
Deér Deér.
Krause Krause.
Deér Deér. Freut mich.
Tschudi Tschudi.
Deér Deér.
Jenkins Achter Monat.
Deér *(ohne zu verstehen)* Achter Monat?
Bihler Sechster Monat.
Krause Dritter Monat.
Deér Aha.

Müller Drei Monate.

Deér Ja.

Jenkins Und Sie?

Neuenschwander Fünfzehn Tage.

Deér Ah ja.

Tschudi 238 Stunden.

Wrage *(energisch auftretend)* Herr Deér! Sie sind also Herr Deér. Wrage.

Deér Guten Tag, Frau Wrage.

Wrage Ich bin Beraterin der NCC, »New Challenge Company«. Sie haben sich für die erste Begegnung just unser wöchentliches informelles Treffen ausgesucht. Gut. Sehr gut. Wir nennen das die Gipfelkonferenz. Es gibt Gipfeli für alle, Sie verstehen. Gipfelkonferenz.

Deér Sehr gut!

Heiterkeit. Allerdings versteht Deér nur Bahnhof.

Wrage Bedienen Sie sich. Es gibt auch Kaffee.

Deér Danke. Die oberste Etage hat mich gebeten, mit Ihnen Kontakt aufzunehmen. Wir hatten ein ausführliches Gespräch. War gut und intensiv. Doch. Haben nochmals die ganzen Probleme durchgesprochen, wie mein Arbeitsbereich im Catering genauer definiert werden könnte. Und ich soll mich bei Ihnen kundig machen, inwieweit irgendein Synergieeffekt zwischen meiner und Ihrer Arbeit herstellbar ist.

Catering Organisation der Zulieferung von Lebensmitteln
Synergieeffekt gegenseitige positive Beeinflussung, Zusammenwirken

Wrage Nun, im Groben wissen Sie natürlich Bescheid.

Deér Sehr im Groben. Sie müssen mir das mal ganz genau erklären. Das mit Ihrer NCC lag am Schluss plötzlich auf dem Tisch, ziemlich abrupt.

Wrage Deswegen sind Sie ja da, klar.

Deér Ich sage meinen Mitarbeitern immer: Sie müssen mit

der Lupe hinschauen. Der Teufel steckt im Detail. Und daran halte ich mich natürlich auch selbst.

Wrage Herr Deér, die NCC ist eins der größten Outplacement-Unternehmen am Markt, Lizenzträger der »Myer Myer Boswell« in New York. Das sichert uns einen Marktvorsprung im Know-how und, wichtiger noch, eine einzigartige internationale Vernetzung.

Deér Verstehe.

Wrage Wir haben Partner in zweiundzwanzig Ländern und können unsere Klienten ALL OVER THE WORLD vermitteln. Nach allen Ländern der EU, Kenia, Mexiko, Japan. JUST NAME IT.

Deér Aha.

Wrage Was alle Damen und Herren hier verbindet: Sie sind vom Verlust ihres Arbeitsplatzes betroffen und erwarten von uns eine optimale Unterstützung bei ihrer Karrierefortsetzung in einem anderen Unternehmen.

Deér *(nimmt die anderen wie neu wahr; als hätten sie die Lepra)* Die da, die stehen alle auf der Straße?

Lepra **ansteckende Erkrankung der Haut**

Wrage Hier ist jeder in der gleichen Lage.

Deér Ja. Das kommt jetzt immer häufiger vor.

Wrage Sehr gut! Was leistet unsere Organisation, und wie leistet sie es? Als wir vor zehn Jahren hier in der Schweiz unsere Tätigkeit aufnahmen, waren wir ein Nischenprodukt in einer intakten Arbeitswelt. Zwar war die Hochkonjunktur am Abklingen, darum ja unsere Anstrengungen, uns auch am Schweizer Markt zu positionieren, aber in den Köpfen des mittleren und höhern Kaders gab es noch kaum irgendwelche Gedanken an einen möglichen Verlust des Arbeitsplatzes.

Deér Ja, ja. Wir restrukturieren ja auch massiv. Grad nochmals tausendzweihundert Stellen abgebaut. Aber nicht in meinem Bereich. Das Catering ist stabil.

Fluktuationen Schwankungen, Wechsel

per annum pro Jahr

Segment Abschnitt, Teil eines Ganzen

Chapeau! Alle Achtung!

Wrage Ja.

Deér Einzelne Fluktuationen allenfalls.

Wrage Gut. – 1986 vermittelten wir ganze fünfzehn Herren! Waren bereits zwei Damen unter den Herren. *(Kleine Heiterkeit)* Heute haben wir mehr als neunhundert Klientinnen und Klienten per annum, und wir haben unsere Tätigkeit auch auf nicht deutlich qualifizierte Arbeitsplätze aus dem unteren Segment ausgedehnt. Wir bieten jetzt dreitägige Crash-Programme in Gruppen an, für eine erfolgreiche berufliche Neuorientierung auch im LOW-SALARY-Bereich.

Deér Die da?

Wrage Nein, nein. Die Damen und Herren haben alle der Leitungsebene angehört. »Top Dogs«. Ihre Preisklasse, wenn ich das mal so sagen darf. Unser Kerngeschäft bleibt die intensive Arbeit mit Klienten wie Ihnen. *(Deér versteht »wie ihnen«, das heißt wie mit denen da, nickt anteilnehmend.)* Wir führen sogar das SENIOR-EXECUTIVE-PROGRAMM, das von den Konzernchefs in Anspruch genommen wird. Stellenlos gewordene Persönlichkeiten der Führungsspitze.

Deér Musste ja selber Mitarbeiter entlassen. Als wir das Catering auslagerten, neunzehnzweiundneunzig, haben wir mehr als tausend Stellen abgebaut. Gute Leute, waren zum Teil seit Jahren dabei gewesen. Ist ein menschliches Problem, so was. Andererseits, im Kader, das ist einfach im Anforderungsprofil, so was wegstecken zu können.

Wrage Ich muss sagen, Herr Deér. CHAPEAU! Aber eigentlich schüttelt es jeden. *(Pause)* Entscheidend für unsre erfolgreiche Arbeit ist, dass diese immer und in jedem Fall vom ehemaligen Arbeitgeber finanziert wird. Dabei berechnen wir ganz bewusst eine Pauschale und nicht etwa ein Honorar, das sich nach der Vermittlungsdauer richtet. Denn so haben auch WIR ein vitales Interesse daran, unsere Klienten schnell zu platzieren. Und optimal. Wir garantieren, sie ins Programm zurückzunehmen, wenn es mit dem neuen Arbeitgeber innerhalb eines Jahres zu Unstimmigkeiten kommen sollte.

Deér *(vertraulich)* Denen da geb ich keine Chance. Zu alt, zu unbeweglich, zu teuer.

Wrage Sagen Sie das nicht. Wir hatten einen Herrn, Mitte fünfzig, der tauchte fünfmal wieder hier auf. Zuerst dachten wir, es liege an uns. Dann, dass es doch an ihm liegen könnte. Aber nein. Heute ist er Direktor eines führenden Touristikunternehmens und verbringt die meiste Zeit an sonnenüberfluteten Sandstränden. *(Heiterkeit)*

Deér Ist bei mir nicht drin, Ferien. Bin ja ursprünglich Maschineningenieur. Workaholic. Dass ich bei der Swissair gelandet bin, an der Front zuerst, dann im Catering, hat sicher damit zu tun. Sechzehnstundentage. Wer beim Catering dabei sein will, muss Tag und Nacht am Ball sein. »Lead, follow or get out of the way«, nicht wahr. *(Lacht)*

Wrage Gut. Wie im Konkreten läuft also unsre gemeinsame Arbeit ab? Wir stellen unsern Klienten hier eine Infrastruktur zur Verfügung, ähnlich der, die sie von ihrem frühern Arbeitgeber her gewöhnt sind. Computer, Fax, Telefon, Sekretariat für alle Schreibarbeiten, Fachliteratur, Kaffeemaschine und und und. Stellensuche ist ein Fulltime-Job. Das werden Sie bald feststellen.

Deér Ja, sicher. *(Schweigen)* Kann ich mir vorstellen. *(Schweigen)* Wieso werde ich das bald feststellen?

Wrage Ja was denken Sie, weshalb Sie hier sind, Herr Deér?

Deér Sagte ich Ihnen. Ich soll in Erfahrung bringen, inwieweit wir unsre Arbeitsbereiche füreinander nutzbar machen können.

Wrage Wieso wohl zahlt Ihre Firma dreißigtausend Franken dafür?

Deér Wofür?

Wrage Sie sind entlassen worden! Herr Deér! Entlassen!

Deér Ich??!

Wrage Ja. Sie.

Deér Entlassen? – Hören Sie. Das hätte man mir gesagt.

Wrage Man HAT es Ihnen gesagt!

Deér Wer? Wann?

Wrage Sie haben es nicht gehört.

Deér Aber.

Wrage Nicht verstanden.

Deér Aber das gibt es doch nicht, dass einer das nicht hört. Dass er entlassen worden ist.

Wrage Doch. Oft. Kopf hoch, Herr Deér. Wir haben bis heute noch jeden Klienten vermittelt. Sozusagen jeden.

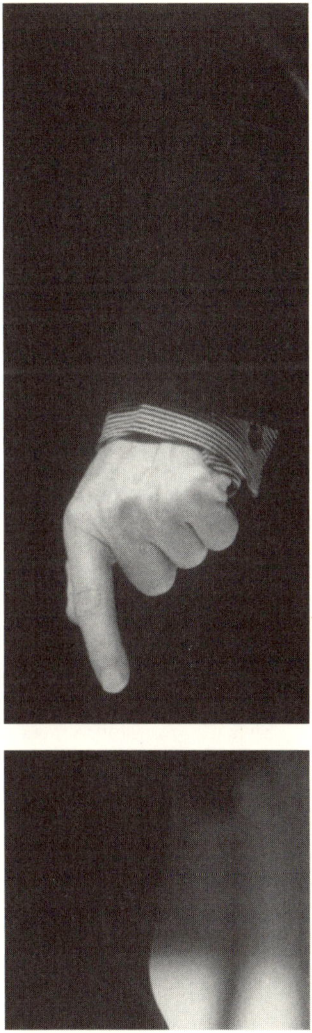

Arbeitsanregungen

1. Zeigen Sie die satirischen Züge des Textes »Welcome Future: www.meeting-the-best.de« auf und legen Sie dar, welche Aussagen Sie für durchaus der Realität entsprechend ansehen.

2. Schreiben Sie den Textabschnitt auf Seite 115, Zeile 11–21, so um, dass er allgemein verständlich wird.

3. Welche Figur des Stückes verkörpert für Sie am ehesten den Typus des »Workaholic«?

4. Wie verstehen Sie die Überschrift des Artikels von Daniel Goeudevert: Der »Nestbeschmutzer«?

5. Informieren Sie sich über das Stück »Top Dogs« von Urs Widmer. Wovon handelt der Text? Welche Parallelen entdecken Sie zu »Republik Vineta«? Wie unterscheiden sich die beiden Dramen?

6. Welche der in dem Gedicht »Stellenteil« dargestellten Persönlichkeitsmerkmale und Charakterzüge finden Sie bei den Figuren aus »Republik Vineta« wieder? Welche Figur entspricht aus Ihrer Sicht am ehesten dem entworfenen Persönlichkeitsprofil? Begründen Sie Ihre Meinung.

7. Beschreiben Sie das Bild auf Seite 127 und veranschaulichen Sie dessen Aussage, indem Sie es in den Kontext einer bestimmten Situation einordnen.

Johann Voß

wahrnehmung — 1980

hinter dem betonbalg aus planungsbüros
statisch hochgerechnet
neben dem grau abschließenden zementmassiv
in unmittelbarer nachbarschaft
rostgeflochtener stahlmatten
drei fuß vom verbrauchten schacht
für die geistige belüftung
eine nabelschnur weit vom
vollen kreißsaal der lehre
in reichweite edelgasiger zivilisationssonnen
hautnah dem gusseisernen container für
was abfiel vom tag
im rechten winkel strenger geometrie
ausgespart
zur auflockerung im steinteppich
mitten in der lehmoase des stadtgärtners im
quadratischen alibi-eden des fortschritts:
ein baum

eden
Garten Eden, das Paradies

M

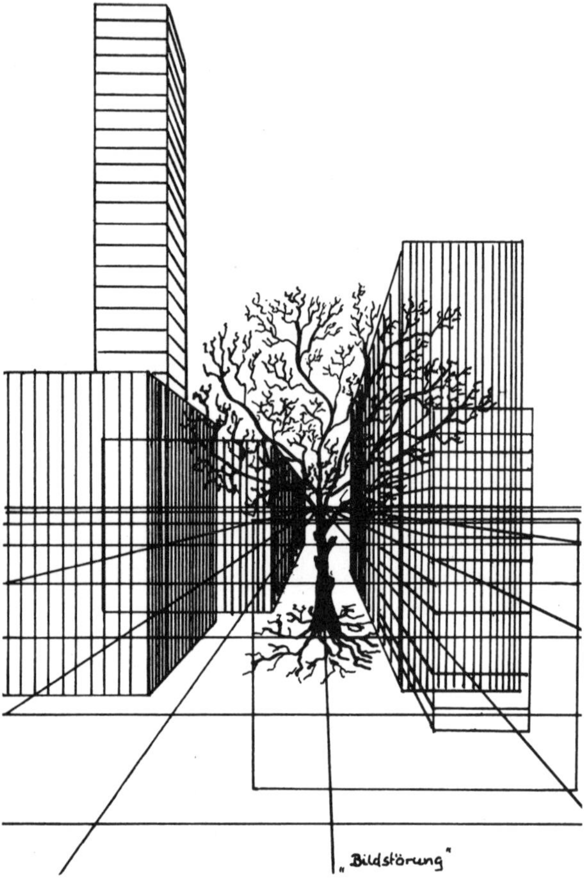

M

Christian Sywottek

Was Neuland ist, wird in China betreten ______ 2003

Wenn der Hamburger Architekt Meinhard von Gerkan an das Land der unbegrenzten Möglichkeiten denkt, steht er in der Rotunde seines weißen Bürohauses an der feinen Hamburger Elbchaussee, und er schaut über die Elbe hin zum Containerhafen. Seine Gedanken schweifen nach Osten, über Europa hinweg, weiter über den mittleren Osten bis nach China. Über Chinas Land träumt er sich an die Küste nach Schanghai, dem Wirtschaftswunder, der Expo-Stadt 2010, der Hoffnung des modernen China. Dem Moloch, der vor lauter Menschen zu explodieren droht.

Schanghai, die alte Hafenstadt. Dort liegt von Gerkans Eldorado. Von Gerkan, 68, ist ein Macher, ein Großarchitekt mit 300 Mitarbeitern, verteilt über Büros in Hamburg, Berlin, Peking. [...]

Von Gerkan liebt das Wasser. [...] Deshalb holt er das Wasser hinein nach »Luchao Harbour City«, die neue Küstenstadt 60 Kilometer entfernt von Schanghai, die er entworfen hat, die derzeit gebaut wird auf einer riesigen Baustelle von chinesischen Wanderarbeitern, die sogar noch in den Baugruben übernachten. In Luchao sollen im Jahr 2005 bereits 80 000 Menschen leben. Denn Schanghai quillt über. 13 Millionen Menschen leben dort. Im Jahr 2020 sollen es 16 Millionen sein. In von Gerkans »Luchao Harbour City« sollen dann 300 000 Menschen wohnen.

Der Architekt Meinhard von Gerkan baut seine Stadt. Komplett und ganz neu am Reißbrett entworfen. Es gibt noch Chandighar, Brasilia und Canberra, ähnlich dimensionierte, spektakuläre Neugründungen der letzten hundert Jahre. Jetzt gibt es Luchao. Im brodelnden China, dem einzigen Land, wo derartige Großprojekte eine Chance haben. »China ist wie

Rotunde **rundes Gebäude; hier: runder Raum, Saal**

Moloch **unersättliches Wesen, Allesverschlinger**

Eldorado **sagenhaftes Goldland**

Utopia«, sagt Meinhard von Gerkan, »was Neuland ist, wird dort betreten.« Ohne Rücksicht auf Verluste.

Von Gerkan rückt das hölzerne Modell von Luchao Harbour City in die Mitte des Tisches. »Hier«, sagt er, und seine kräftige rechte Hand streicht durch die Mitte der Stadt, »hier lief die Küste entlang.« In nur zwei Jahren haben die Chinesen das bis zu drei Meter tiefe Meer zugeschüttet mit Erde und Sand und haben an der dem Meer zugewandten Seite einen acht Meter hohen Deich gebaut zum Schutz vor den Wellen der Taifune. Später werden Häuser auf dem abgetrotzten Land stehen. Luchaos künftige Bewohner können das Meer nicht sehen. Doch dafür leben Sie mitten im Meer, genauer gesagt, sogar auf dem Meeresgrund.

Von Gerkan deutet auf das Zentrum der neuen Stadt. Ein kreisrundes Loch. In der Realität wird es einen Durchmesser von 2,5 Kilometern haben. »Das ist der Meeresboden«, erklärt er, »den haben wir nicht zugeschüttet.« Es ist der künftige »See Luchao«.

Luchao Harbour City wird also keines der üblichen, eng bebauten Stadtzentren haben. Ein Meer ist sein Zentrum, ein riesiger Freiraum, schäumend, rauschend, voller Bewegung, mit einem breiten Sandband ringsum [...]

»Ich will, dass sich die Leute wohlfühlen.« Es darf nur nicht »piefig« sein, darf sich nicht anpassen und alte Stile lediglich kopieren. Auch utopische Entwürfe von Unterwasser- oder Weltraumstädten waren nie seine Sache. [...]

piefig **abwertend: einfach**

Die künftigen Bewohner Luchaos will von Gerkan viel U-Bahn fahren oder zu Fuß gehen lassen, durch eine weitgehend verkehrsberuhigte Stadt, deren Wohngebiete aufgeteilt sind in autarke, blockartige Quartiere für maximal 13000 Einwohner. Mit Geschäften, Kindergärten, Service-Unternehmen, Kliniken und jeweils einem kleinen See: »Luchao ist keine Autostadt, sie ist eine Menschenstadt.« Er ahnt die Gefahr,

autarke **wirtschaftlich unabhängige**

dass aus dem Reißbrettideal eine Wüstenei wird, ein Retortenort ohne eigenes Leben. […]

Das Wasser soll die Einwohner Luchaos miteinander verbinden, und auch mit ihrer Stadt. »Wenn ein Tropfen ins Wasser fällt, bilden sich konzentrische Kreise«. So beschreibt von Gerkan das Konzept für seine Meeresstadt. In der Mitte des »Lake Luchao« will er eine 300 Meter hohe »Wolkennadel« aus filigranem Stahl bauen, die ganz oben Wasser versprüht und eine Wolke erzeugt. In der Nacht sollen starke Scheinwerfer diese Wolke zum Glitzern bringen und Luchaos Bewohnern zeigen, wo der Tropfen gefallen ist, aus dem ihre Stadt wuchs. Rund um die chinesische Strandidylle werden sich ringförmig die bis zu achtstöckigen Büro- und Wohnquartiere legen, gebaut aus den in Schanghai üblichen dunkel gebrannten Ziegeln und viel Glas. Ein 500 Meter breiter Parkring voller Bäume und Seen nimmt öffentliche Bauten auf. Gewundene Kanäle durchziehen die gesamte Stadt, der Kreisform folgend, aber auch wie radiale Strahlen nach dem Prinzip einer Windrose. […]

So ist der Plan. Visionärer Größenwahn? »Auf rationalem Wege wäre Luchao nie durchgekommen«, sagt Meinhard von Gerkan, »so wie Venedig«. Oder der Pariser Eiffelturm, den erst keiner wollte, der nach der Weltausstellung 1889 abgerissen werden sollte und der schließlich zum Symbol für Paris und zu einem Riesengeschäft mit den Touristen mutierte. […]

Meinhard von Gerkan schaut wieder über die Elbe hin zum Containerhafen. Es wird schon klappen: »Einen Fußball können Sie treten und treten, er bleibt ein Fußball. So robust ist auch Luchao.«

mutierte
sich wandelte, veränderte

M

Agnes Auffinger

Der Architekt 1970

Arbeitsanregungen

M

1. Wie ist Ihr persönliches Verhältnis zu der Stadt, in der Sie leben? Was mögen Sie an ihr, was gefällt Ihnen nicht?

2. Fassen Sie die Aussage des Gedichtes »wahrnehmung« (S. 129) mit eigenen Worten kurz zusammen und vergleichen Sie sie mit dem Bild auf Seite 130. Halten Sie diese Sicht und Deutung der Stadt für zeitgemäß?

3. Wie beurteilen Sie den Stadtentwurf von Meinhard von Gerkan in Christian Sywotteks Reportage?

4. Kennen Sie ähnlich große städtebauliche Maßnahmen? Informieren Sie sich und vergleichen Sie die Dimensionen und Besonderheiten der Neuplanungen.

5. Beschreiben Sie das Bild von Agnes Auffinger (S. 134) und deuten Sie es.

6. Welche Aspekte der Stadtplanung werden in »Republik Vineta« thematisiert? Welche unterschiedlichen Vorstellungen entwickeln die einzelnen Figuren?

Wolfgang Michal

Mythos Vineta — 1998

Wenn man abends, bei Windstille, von der schmalsten Stelle der Insel Usedom in die Ostsee hinausrudert, so kann man, mit etwas gutem Willen und der gebührenden Höflichkeit gegenüber einem landesgeschichtlichen Mythos, ein silberhelles Läuten hören. Es dringt vom Meeresgrund herauf und klingt so betörend, dass selbst der schwächste Wille sich bald in plastische Vorstellungen verwandelt.

Dann kann man, tief unten im Wasser, die Gassen und Giebel einer Wunderstadt erkennen, die vor tausend Jahren dort versunken ist. Die so reich und zügellos war, dass die Mädchen auf goldenen Spindeln spannen, die Glocken aus purem Silber waren und die Mütter ihren Kindern mit Semmeln den Hintern wischten.

So steht's in pommerschen Legenden, und so wird es bis heute in zahllosen Varianten überliefert: dass die vom Erdboden getilgte, vom Meer verschluckte Stadt der Heiden an Wohlleben, Gottlosigkeit und Hochmut zugrunde ging; erst von dänischer Soldateska geschleift, dann von gottgewollten Sturmfluten ins Meer gerissen – eine blühende Landschaft des Ostens, »größer und schöner als irgendeine andere Stadt in Europa«, »weltberühmt« und multikulturell bevölkert von Barbaren, Griechen, Slawen und Sachsen.

Soldateska zügellose Soldaten

Vom 8. Jahrhundert bis zur gewaltsamen Christianisierung Pommerns soll dieses geheimnisvolle, märchenhafte VINETA die dominierende Handelsmetropole der Ostsee gewesen sein; behütet und beherrscht von den Kriegern einer mächtigen Seeburg, die in den altnordischen Sagen JOMSBURG genannt wird.

Doch das Menetekel Vineta wäre nie über den Status einer Jahrmarkt-Moritat hinausgekommen, hätte niemals eine so leidenschaftliche Suche nach dem »Atlantis des Nordens« ausgelöst, würden die Legenden nicht durch seriöse Berichte zeitgenössischer Chronisten und Geografen gestützt, die das Märchen in (fast) allen Punkten bestätigen. Als Kronzeugen gelten Adam von Bremen und Helmold von Bosau.

Menetekel böses Vorzeichen; hier: der geheimnisumwitterte Untergang
Moritat schauriges Lied

Adam, der erste deutsche Geograf von Weltrang, schildert in seiner um 1075 entstandenen »Hamburger Kirchengeschichte« präzise die Lage der sagenumwobenen Stadt. Er nannte sie aber nicht, wie später Helmold, Vineta, sondern Jumne, Iumne oder Uimne. »Hinter den Liutizen«, schrieb Adam, »die auch Wilzen heißen, trifft man auf die Oder, den reichsten Strom des Slawenlandes. Wo sie an ihrer Mündung ins Skythenmeer fließt, bietet die sehr berühmte Stadt Jumne für Barbaren und Griechen in weitem Umkreis einen viel besuchten Treffpunkt. Weil man sich zum Preise dieser Stadt allerlei Ungewöhnliches und kaum Glaubhaftes erzählt, halte ich es für wünschenswert, einige bemerkenswerte Nachrichten einzuschalten. Es ist wirklich die größte von allen Städten, die Europa birgt ... Die Stadt ist angefüllt mit Waren aller Völker des Nordens, nichts Begehrenswertes oder Seltenes fehlt ... Hier zeigt sich Neptun in dreifacher Gestalt, denn die Insel wird von drei Meeren bespült, eins davon soll von tiefgrünem Aussehen sein, das zweite weißlich; das dritte wogt ununterbrochen wild bewegt von Stürmen. Von dieser Stadt aus setzt man in kurzer Ruderfahrt nach der Stadt Demmin in der Peenemündung über, wo die Ranen wohnen ...« Die Ranen siedeln außerdem auf Rügen, das »der Stadt Jumne benachbart« ist. Und: Wo Jumne liegt, scheidet die Oder die Pommern von den Wilzen.

Neptun römischer Gott des Meeres

Knapp hundert Jahre nach dieser glasklaren Verortung überschrieb Helmold von Bosau ein ganzes Kapitel seiner

Slawenchronik mit den Worten »De civitate Vineta«: Über die Stadt Vineta. Das meiste ist wörtlich von Adam übernommen, doch in einem entscheidenden Punkt änderte er die Geschichte. Er stellte sie in die Vergangenheitsform. »Bis zum Untergang dieser Stadt …« notierte Helmold um 1170, und: »Ein König der Dänen soll diesen höchst wohlhabenden Platz mit einer sehr großen Flotte angegriffen und völlig zerstört haben. Die Überreste sind noch jetzt vorhanden.«

Das bedeutete, dass Vineta alias Jumne, Iumne/Uimne Jahre oder Jahrzehnte vor Helmolds Niederschrift zerstört worden sein muss. Das eigentlich Frappierende am Fall Vineta aber ist, dass die weltberühmte Stadt nach 1170 in keinem Rückblick, in keinen Reichsannalen mehr erwähnt wird. Als hätte sie nie existiert! […]

Frappierende **Erstaunliche**

Reichsannalen **chronologisch geordnete Aufzeichnungen der Geschichte des Reiches**

Das Rätsel war geboren. Wie bei Schatzkarten, deren Reiz in der Traumkombination von präzisen Daten mit endlosen Deutungsmöglichkeiten liegt, war die Stadt sofort ein Suchobjekt erster Ordnung. Das heißt, nicht ganz von Anbeginn, denn ein regelrechtes Vineta-Fieber konnte erst entstehen, als Helmolds und Adams Schriften einer größeren Leserschaft zugänglich gemacht wurden und nicht mehr nur von Mönchen hinter Klostermauern abgepinselt wurden. Erst durch die Erfindung des Buchdrucks und die Entwicklung der Kartografie rückten Adam und Helmold ins öffentliche Bewusstsein. Im 16. Jahrhundert entfachte Vineta dann einen Fantasy-Boom sondergleichen.

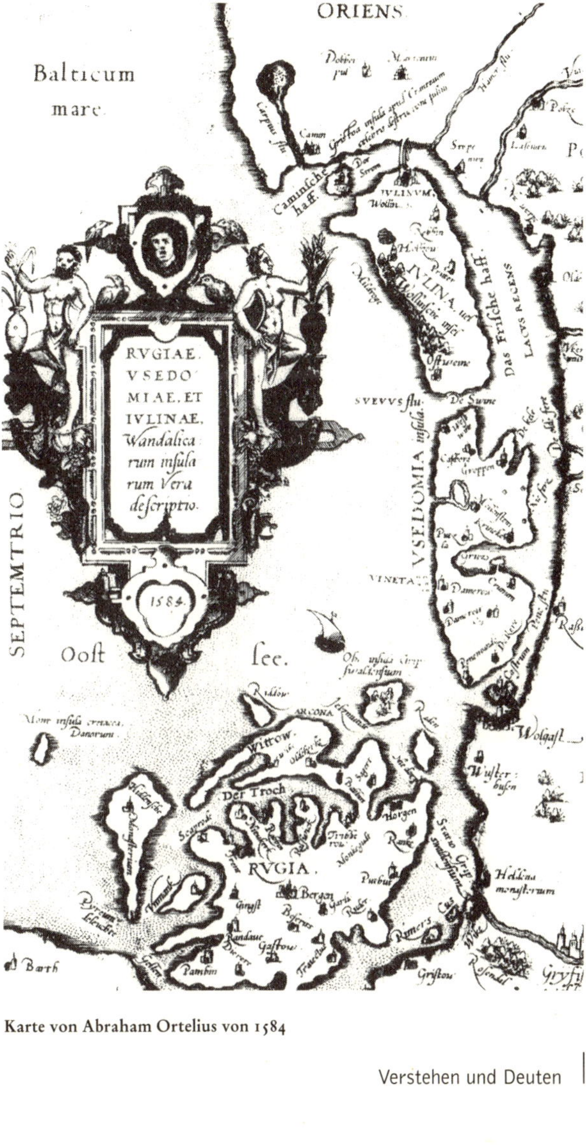

Karte von Abraham Ortelius von 1584

M

Thomas Morus

Utopia — 1516

Thomas Morus war einer der führenden humanistischen Gelehrten in Europa. Er wurde 1478 in London geboren. In seinem wichtigsten Werk »Utopia« von 1516 beschreibt der Weltreisende Raphael Hythlodeus das Land Utopia als Gegenbild zu den unerträglichen sozialen Verhältnissen in England.

Die Insel der Utopier dehnt sich in der Mitte, wo sie am breitesten ist, zweihundert Meilen weit aus, ist eine weite Strecke lang nicht viel schmaler und spitzt sich dann gegen die beiden Enden hin allmählich zu. [...] Die Insel hat vierundfünfzig Städte, alle weiträumig und prächtig, in Sprachen, Sitten, Einrichtungen und Gesetzen vollständig übereinstimmend. Alle haben dieselbe Anlage und, soweit es die geografische Lage gestattet, dasselbe Aussehen. [...]

Keine Stadt hat das Bestreben, ihr Gebiet zu vergrößern, denn sie halten sich mehr für Bebauer als für Besitzer des Bodens. [...]

Eine hohe und breite Mauer mit zahlreichen Türmen und Vorwerken umgibt die Stadt. [...] Die Häuser sind keineswegs unansehnlich. Ihre lange und blockweise zusammenhängende Reihe übersieht man von der gegenüberliegenden Häuserfront aus. Die Fronten der Häuserblöcke trennt eine zwanzig Fuß breite Straße. An der Hinterseite zieht sich, jeweils den ganzen Block entlang, ein großer und durch die Rückseite der Blöcke von allen Seiten eingeschlossener Garten hin. Es gibt kein Haus, das nicht, genauso wie es sein Vordertor zur Straße hat, eine Hinterpforte zum Garten besitzt. Diese zweiflügeligen Türen, die durch einen leichten Druck der Hand zu öffnen sind und sich darauf wieder von allein schließen, lassen einen jeden ein: So gibt es keinerlei Privatbereich. Denn sogar die Häuser wechseln sie alle zehn Jahre durch Auslosung.

Außer der Landwirtschaft, die, wie gesagt, alle gemeinsam ausüben, erlernt jeder noch irgendein besonderes Handwerk; das ist in der Regel die Tuchmacherei, die Leineweberei oder das Maurer-, Schmiede-, Schlosser- oder Zimmermannsgewerbe.

[... Es ist so, dass sie] nur sechs Stunden für die Arbeit bestimmen: Drei vor Mittag, nach denen sie zum Essen gehen; nach der Mahlzeit ruhen sie zwei Nachmittagsstunden, widmen dann wiederum drei Stunden der Arbeit und beschließen das Tagewerk mit dem Abendessen. Da sie die erste Stunde vom Mittag ab zählen, gehen sie um die achte schlafen. Der Schlaf beansprucht acht Stunden. Die Stunden zwischen Arbeit, Schlaf und Essen sind jedem zur eigenen Verfügung überlassen, jedoch nicht, um sie mit Ausschweifungen und Faulenzerei zu vergeuden, sondern um die Freizeit, die ihm sein Handwerk lässt, nach eigenem Gutdünken zu irgendeiner nützlichen Beschäftigung zu verwenden. Die meisten benützen diese Unterbrechungen zu geistiger Weiterbildung. Es ist nämlich üblich, täglich in den frühen Morgenstunden öffentliche Vorlesungen zu halten, die anzuhören eigentlich nur die verpflichtet sind, die ausdrücklich für das wissenschaftliche Studium ausersehen wurden; indessen strömt aus jedem Stande eine sehr große Menge von Männern wie auch Frauen herbei, um, ihrem jeweiligen Interesse entsprechend, diese oder jene Vorlesung zu hören.

Die ganze Stadt ist in vier gleich große Bezirke eingeteilt; in der Mitte jedes Bezirkes liegt der Markt für Waren aller Art. Dort werden in bestimmte Gebäude die Erzeugnisse aller Familien zusammengebracht, und die einzelnen Warengattungen werden gesondert auf die Speicher verteilt. Aus diesen wieder fordert jeder Familienälteste an, was er selbst oder die Seinigen brauchen, und erhält ohne Bezahlung, überhaupt ohne jegliche Gegenleistung, alles, was er verlangt. Warum nämlich sollte man ihm etwas verweigern, da doch alles im Überfluss vorhanden ist und keinerlei Befürchtung besteht, es könne einer mehr fordern, als er braucht? Denn wie sollte man annehmen, es könne einer Überflüssiges verlangen, der die Gewissheit hat, dass ihm niemals etwas fehlen wird? […]

Jeder Häuserblock besitzt außerdem einige geräumige Hallen in gleichem Abstand voneinander, eine jede unter ihrem besonderen Namen bekannt. Diese unterstehen den Syphogranten. Jeder von ihnen sind dreißig Familien zugeteilt, auf jeder Seite fünfzehn, die dort ihre Mahlzeiten einnehmen. Die Küchenmeister aller Hallen kommen zu einer bestimmten Stunde auf den Markt, geben die Zahl ihrer Tischgäste an und verlangen die entsprechende Menge an Lebensmitteln. […] In diesen Hallen versammelt sich zu den festgesetzten Stunden der Mittags- und Abendmahlzeit, vom Schall eherner Trompeten gerufen, die gesamte Syphograntie, bis auf die, die in den Krankenhäusern oder zu Hause liegen, obgleich es niemandem verwehrt ist, sich, sobald der Bedarf der Hallen gedeckt ist, vom Markte Lebensmittel mit nach Hause geben zu lassen. Man weiß nämlich, dass das niemand so ohne weiteres tut. Denn wenn es auch keinem verboten ist, zu Hause zu speisen, so tut es doch niemand gern, da es nicht für anständig gilt und zudem töricht wäre, sich die Mühe der Zubereitung eines schlechten Essens zu machen, während ein gutes und reichliches in der so nahen Halle bereitsteht. […]

Syphograntie **Ableitung ungeklärt**

Da sie selber kein Geld brauchen, sondern es für einen Fall aufbewahren, der ebenso eintreten wie niemals vorkommen kann, so schätzen sie derweilen das Gold und das Silber, aus denen es gemacht wird, so, dass kein Mensch auf ihren Besitz größeren Wert legt, als sie es ihrer Natur nach verdienen. Wer sieht nicht, wie weit sie dem Eisen nachstehen! […]

Während sie nämlich aus zwar sehr geschmackvollen, aber billigen Ton- und Glasgeschirren essen und trinken, stellen sie aus Gold und Silber nicht nur für die Gemeinschaftsräume, sondern auch für die Privathäuser allerorts Nachtgeschirre und lauter Gefäße für schmutzigste Zwecke her. Zudem werden die Ketten und schweren Fußfesseln, in die sie die Sklaven schließen, aus denselben Metallen geschmiedet. Schließlich tragen alle, die irgendein Verbrechen ehrlos gemacht hat, goldene Ringe an den Ohren, Goldringe an den Fingern, Goldketten um den Hals, und sogar um den Kopf haben sie einen goldenen Reif. So sorgen sie auf jede Art und Weise dafür, dass Gold und Silber bei ihnen in Verruf stehen.

Wolf Schneider/Christoph Fasel

Schöne neue Kunstwelt — 1995

»Alles Unglück der Menschen rührt daher, dass sie nicht in Ruhe im Zimmer bleiben können.« Vor dreieinhalb Jahrhunderten schrieb Blaise Pascal diesen Satz – zu einer Zeit, die weder Autobahnstau noch Massentourismus, weder Überbevölkerung noch Konsumwahn kannte. Erst heute, am Ende des 20. Jahrhunderts, enthüllen Pascals Worte ihre visionäre Kraft: Ist es nicht endlich an der Zeit, das Loblied des Daheimbleibens zu singen und den Stubenhocker als den wahren Menschenfreund zu rühmen?

Blaise Pascal franz. Mathematiker und Philosoph (1623–1662)

Lügen wir uns doch nicht in die Tasche: Jeder, der seine Wohnung verlässt, um etwas zu produzieren oder um zu verreisen, macht unseren Planeten etwas schmutziger. Industrie heißt: Energie und Rohstoffe unter Erzeugung von Gestank in Produkte verwandeln, die der Sperrmüll und der Giftschlamm von morgen sind. Reisen heißt: statt einen Platz auf Erden gleich deren zwei okkupieren und sich für den Ortswechsel eines Apparates zu bedienen, der dabei Lärm und

Gestank erzeugt, nachdem er unter Erzeugung von Lärm und Gestank gebaut worden ist.

Bisher beteiligen sich am Auslandstourismus erst acht Prozent der Menschheit, und doch hat er sich schon an die Spitze aller Industrien gesetzt, vor dem Öl und dem Auto (die ihrerseits ohne das Reisefieber ziemlich kleine Branchen wären); er hat Städte verstopft, Kulturdenkmäler zertrampelt, Seen verjaucht und Badestrände unter Müll und Beton begraben. Und wehe uns erst, wenn die Chinesen auf den Geschmack kommen!

Die gute Nachricht: Eine Arche Noah, die uns vor der neuen Sintflut retten kann, ist schon im Bau. Es ist unser verkabeltes Wohnzimmer. Wir müssen erkennen, dass in ihm die Zukunft liegt, und den Unkenrufen grämlicher Kulturpessimisten sollten wir den klaren Satz entgegenstellen: Bleibt mehr zu Hause, seht mehr fern!

Das mag nach Wahnsinn klingen, nach Übermut oder nach einem schlechten Witz. Doch in Wahrheit liegt hier ein Problem, das wir nur lösen können, wenn wir uns ihm nähern mit dem Mut zu eiskaltem Realismus und zugleich kühner Fantasie – beflügelt von der Einsicht Blaise Pascals, der feststellte: »Ein Mensch, der genug zum Leben hat, würde nie das Meer befahren oder eine Festung belagern, wenn er es nur verstünde, zu Hause zu bleiben.«

Dabei helfen werden uns Fernsehen, Computer und Multimedia-Welt. Ist es nicht so, dass sich schon heute die Wirklichkeit auf dem Bildschirm bei weitem angenehmer, sauberer und interessanter spiegelt, als sie ist? Und tauchen wir nicht schon längst mit Hilfe von Bits und Bytes immer tiefer in selbstgeschaffene Kunstwelten? […]

Wo aber bleibt da die Realität? Darauf lässt sich schon heute die Gegenfrage stellen. Welche bitte schön? Denn eines ist klar: Wir brauchen sie immer weniger, die gute, die abscheuliche alte Wirklichkeit, die mit dem Regen, dem Gedränge, dem Gestank. Das Fernsehen holt sie uns schon heute in die Wohnung, ohne Regen, Gedränge und Gestank. […]

Wie aber wird die Medienwelt wirklich aussehen? Der Tag der Familie Stubenhocker beginnt dank Computerhilfe als sanftes Erlebnis: Leise erklingt für den Vater seine Lieblingsmusik von Glenn Miller aus dem Duftwecker, der neben seinem anatomisch richtig geformten Bett steht. Eine angenehme Stimme begrüßt ihn mit den wichtigsten Informationen: Tag, Wetterlage, UV-Strahlenbericht und, je nachdem, welche seiner zusätzlichen Interessen er am Abend vorher einprogrammiert hat, mit einem Auszug der wichtigsten Börsenkurse, Sportergebnisse oder den letzten politischen Entscheidungen der russischen Regierung. Längst hat der Zentralcomputer die Raumtemperatur angehoben und die Frühstücksvorbereitungen in der Küche anlaufen lassen. In der Kaffeemaschine brodelt das Wasser, im Backofen blähen sich Frühstückssemmeln.

Vor dem Duschen wandert der Vater zum Trimmen ins Cyber-Sportcenter der Wohnanlage, eine Flucht von Räumen und Pools, in denen ihn eine ausgeklügelte 3-D-Optik mit Spezialsound und Duftwerfern erwartet. Er zögert noch: eine Ski-Abfahrt inklusive Kunstschneeflocken, die von der Decke rieseln, oder lieber Paragliding vom Tegelberg über Neuschwanstein? Sogar die Böen, die den Schein-Flieger dabei schütteln, wirken echt.

Die Tochter, 16 und frisch verliebt, hat inzwischen eine Video-Session mit ihrem Schwarm aus Frankreich hinter sich. Der Sohn geht nach dem Frühstück in sein Schulcenter. Dort ist er via Multimedia-Maschine ans Klassenzimmer angeschlossen, in dem Lehrer und Schüler schon warten – heute online, da es um eine verzwickte Matheprüfung geht, bei der nicht geschummelt werden darf. Sogar den Geruch des

Schweißes, der von der zweiten Aufgabe an auf die Stirn tritt, überträgt die Technik zu den anderen Teilnehmern dieser Schulstunde.

Schon vor Jahren hatte der Vater jeder geregelten Erwerbsarbeit entsagt und mit Freude das Angebot der »Televerrentung« angenommen. Voraussetzung war, dass er das Auto abschaffte und sich verpflichtete, auch keines mehr zu kaufen. Dafür spendierte ihm die »Tele-Treuhand«, so der volkstümliche Name für das vor einigen Jahren gegründete »Ministerium zur Verminderung von Mobilität und Konsum«, die elektronische Ausrüstung. Seitdem surft er begeistert durch digitale Welten.

Brokerin **Händlerin an der Börse**

Die Mutter hat sich unterdessen im Cyber-Raum zur Brokerin gewandelt und sich hautnah ins virtuelle Gedränge an der New Yorker Wallstreet geklinkt. Um sie herum erklingen Kauf- und Verkauf-Orders, Papierfetzen trudeln zu Boden, Handys piepen, Computerschirme malen verworrene Kursberge in Grün und Rot.

Kurz vor Börsenschluss kann sie bei einem Warentermingeschäft 70 Millionen WCU (World Current Unit) einsacken. Nachdem sie Glückwünsche ihrer Börsenkollegen per Cyber-Handschlag eingesammelt hat, kehrt sie befriedigt aus der virtuellen Realität in ihr Heim zurück. Als sie ins Wohnzimmer tritt, sind gerade ein paar Nachbarn da, die einen Korb voller Äpfel aus dem gemeinsam bewirtschafteten Hausgarten mitgebracht haben. Den haben die Bewohner vor zehn Jahren radikal vergrößert, als alle Straßen auf die Hälfte verkleinert und wieder begrünt, Parkplätze und Garagen abgerissen und deren Grundstücke neu bepflanzt worden waren.

Schmonzette **hier: seichter Film**

Am Abend ordert die Familie zur Entspannung eine alte Doris-Day-Schmonzette. Die Tochter mault: Das Dummchen am Herd – was für ein Frauenbild! Kein Problem: Längst sind alle Filme für interaktiven Zugriff präpariert, das heißt, es stehen Dutzende von Handlungsvarianten und Charakteren zur Verfügung. Nach viel Gelächter einigt sich die Familie darauf, aus Doris Day einen Vamp zu machen, der zu aller Entzücken den biederen Ehemann nicht mehr verwöhnt, sondern ihn mit Flüchen überschüttet, bevor sie ihn für immer verlässt.

Vamp
berechnende verführerische Frau

Dann ist es halb elf. Die Kinder trollen sich ins Bett, während der Vater sich nochmals in den Pool unterm Dach begibt, um, wie an jedem Abend, zu Möwengeschrei und Tangduft eine Runde zu schwimmen – unter der Ägäis-Landschaft, die an die Kuppel des Bades projiziert wird. Erschöpft, aber zufrieden kehrt er in seine Wohnung zurück.

Ägäis
Meer zwischen Balkanhalbinsel und Kleinasien

Giorgio de Chirico: Die Rückkehr des Odysseus (1968)

M

Karl Popper

Kritik am utopischen Denken — 1947

Worin also liegt der Unterschied zwischen jenen wohlmeinenden utopischen Plänen, gegen die ich Einspruch erhebe, weil sie zu Gewalt führen, und jenen anderen, wichtigen und weitreichenden politischen Reformen, die ich zu empfehlen geneigt bin? Wenn ich eine vereinfachende Formel, ein Rezept geben sollte zur Unterscheidung zwischen zulässigen Plänen für soziale Reformen und unzulässigen utopischen Entwürfen, so würde ich etwa sagen: *Arbeite lieber für die Beseitigung von konkreten Missständen als für die Verwirklichung abstrakter Ideale.*

Versuche es nicht, mit politischen Mitteln die Menschheit zu beglücken. Setze dich stattdessen für die Behebung konkreter Missstände ein. Oder, um es praktischer auszudrücken: Kämpfe für die Beseitigung des Elends mit direkten Mitteln – zum Beispiel durch die Sicherstellung eines Mindesteinkommens für jedermann. Oder kämpfe gegen Epidemien und Krankheit durch den Bau von Krankenhäusern und medizinischen Lehranstalten. Bekämpfe Unwissenheit, wie du Verbrechen bekämpfst. Aber tu all dies mit direkten Mitteln. Entscheide, was du als das schlimmste Übel ansiehst in der Gesellschaft, in der du lebst, und versuche, die Leute geduldig zu überzeugen, dass und wie wir es loswerden können.

Aber versuche nicht, diese Ziele indirekt zu verwirklichen durch das Planen und Vorbereiten eines fernen Ideals, einer Gesellschaft, die vollkommen gut ist. Wie tief du auch der inspirierenden Vision dieses Ideals verpflichtet sein magst, glaube nicht, dass es deine Pflicht ist, für seine Verwirklichung zu sorgen; oder dass es deine Aufgabe ist, anderen die Augen für seine Schönheit zu öffnen. Erlaube deinen Träumen von einer wunderbar schönen Welt nicht, dich von den wirklichen Nöten der Menschen abzulenken, die heute in unserer Mitte leiden. Unsere Mitmenschen haben Anspruch auf unsere Hilfe; keine Generation darf zugunsten zukünftiger Generationen geopfert werden, zugunsten eines Ideals, das vielleicht nie erreicht wird. Kurz: Mein Vorschlag ist, dass vermeidbares menschliches Leid als das dringendste Problem der rationalen öffentlichen Politik anerkannt werden sollte, während die Förderung des Glücks nicht zu einem politischen Problem gemacht werden sollte: Das Suchen nach Glück sollte unserer privaten Initiative überlassen bleiben.

Es ist eine Tatsache, und nicht einmal sehr merkwürdig, dass es gar nicht so schwierig ist, durch Diskussion eine Einigung darüber zu erzielen, was die unerträglichsten Übel unserer Gesellschaft sind, und auch darüber, welche sozialen Reformen die dringlichsten sind. Es ist viel leichter, eine solche Einigung zu erreichen als eine Einigung über die ideale Form des sozialen Lebens. Denn die Übel finden wir hier und heute, in unserer Mitte. Sie sind oft sichtbar, sie können erfahren werden, und sie werden täglich durch viele Leute erfahren, die durch Armut, Arbeitslosigkeit, nationale Unterdrückung, Krieg und Krankheit ins Elend gekommen sind. Wer nicht selbst unter solcher Not leidet, trifft jeden Tag andere, die uns davon berichten können. Das ist es, was das Elend konkret macht. Das ist der Grund, warum wir etwas erreichen können, wenn wir darüber diskutieren; weshalb wir Nutzen aus der rationalen Haltung ziehen können. Wir können lernen, indem wir auf konkrete Ansprüche hören, und geduldig versuchen, sie so gerecht und unparteiisch wie möglich abzuwägen; wir können nach Mitteln und Wegen suchen, die dringendsten Ansprüche zu erfüllen, ohne dabei schlimmere Übelstände zu verursachen.

Mit dem ideal Guten steht es ganz anders. Es ist abstrakt: Wir kennen es nur aus unseren Träumen und aus den Träumen unserer Dichter und Propheten. Solche Ideale können nicht diskutiert, sondern nur laut verkündigt werden. Sie verlangen nicht die kritische und rationale Haltung eines unparteiischen Richters, sondern die emotionale Haltung des leidenschaftlichen Apostels.

Die Haltung des Utopismus ist deshalb also der rationalen Haltung entgegengesetzt. Utopismus, auch wenn er in rationalistischer Verkleidung erscheint, ist nicht mehr als Pseudo-Rationalismus.

Arbeitsanregungen

1. Informieren Sie sich über Herkunft und Bedeutung des Begriffs Utopie. Welche grundlegenden Vorstellungen von Utopie sind im Laufe der Geschichte entwickelt worden?

2. Informieren Sie sich über die sagenumwobene Stadt Vineta. Welche unterschiedlichen Aussagen finden Sie?

3. Was fällt Ihnen bei einem Vergleich des Kartenausschnitts auf Seite 139 mit heutigen Karten auf? Wo lokalisiert Adam von Bremen die Stadt Vineta, wo finden Sie diese auf der Karte von Abraham Ortelius?

4. Entscheiden Sie sich für eine utopische Besonderheit der von Thomas Morus entworfenen Lebensgemeinschaft und setzen Sie sich mit ihr auseinander. Belegen Sie ihre Meinung nach Möglichkeit mit Beispielen aus der Geschichte.

5. Welche Züge der von Wolf Schneider und Christoph Fasel geschilderten »schönen neuen Kunstwelt« sind Ihrer Meinung nach heute bereits Realität? Fasziniert oder schreckt Sie diese?

6. Rekonstruieren Sie den Argumentationsgang in Karl Poppers Text »Kritik am utopischen Denken«. Wie würde Popper die utopischen Vorstellungen der Figuren in »Republik Vineta« bewerten?

7. Beschreiben und deuten Sie das Bild auf Seite 147. Welche Gemeinsamkeiten erkennen Sie zwischen der Bildaussage und dem Text »Schöne neue Kunstwelt« (S. 143–147)?

Sprachliche und dramatische Gestaltung

Volker Schmeh

Manager-Sprache 2002

Da haben Sie nun also den Salat! Sie haben sich erfolgreich die Karriereleiter hochgekämpft, sämtliche Rivalen souverän in Schach gehalten und sind nun endlich in einer beruflichen Position angelangt, in der Sie etwas zu sagen haben. Und nun stellen Sie auf einmal fest, dass Sie der neuen Aufgabe nicht im Geringsten gewachsen sind.

Zugegeben, Sie befinden sich als Jung-Manager tatsächlich in einer schwierigen Situation. Schließlich müssen Sie von nun an den unterschiedlichen Interessen und hohen Erwartungen der Investoren, Kunden, Mitarbeiter und der Öffentlichkeit gerecht werden. Das ist unmöglich, denken Sie? Weit gefehlt, denn es gibt zum Glück ein Werkzeug, das Ihnen hilft, Ihre Erfolge zu vergrößern, nicht vorhandene Erfolge zu kreieren und Misserfolge positiv darzustellen: die Manager-Sprache. Es bestehen keine Zweifel, dass Sie durch deren gezielten Einsatz jeden Adressaten beeindrucken können, wenn Sie entsprechend geübt sind.

kreieren schaffen

Beispiel Investoren: Investoren sind diejenigen, die Ihnen finanzielle Mittel zur Verfügung stellen und dafür entsprechende Resultate sehen wollen. Kein Problem, wenn Sie die Feinheiten der Manager-Sprache beherrschen: Einen Verlust benennen Sie einfach in einen →Kostenüberschuss um, und eine →Rezession heißt fortan →Konjunkturdelle. Über eine →schwarze Null oder eine → Stagnation auf hohem Niveau werden sich ihre Geldgeber sogar freuen und dabei übersehen, dass es sich in Wirklichkeit um ein Geschäft ohne Gewinn bzw. um einen Stillstand handelt. Wenn Sie dann noch darauf verweisen, dass Ihr →Mitbewerber →Geld verbrennt, während Ihr Unternehmen lediglich →Anlaufverluste anhäuft, dann droht Ihnen von dieser Seite kaum noch Unheil.

Beispiel Kunden: Diese dürfen sich bei Ihnen in den Händen eines →führenden Unternehmens mit →hoch qualifizierten Mitarbeitern fühlen. Eine Preiserhöhung wird Ihre Kunden nicht so sehr schocken, wenn Sie wertneutral von einer →Preisänderung reden. Da Sie ja ohnehin →Marktführer sind und mit →integrativen Konzepten →innovative Produkte der neuesten Generation anbieten, werden auch Ihre Kunden dank Ihrer sprachlichen Begabung über sämtliche Mängel hinwegsehen.

Beispiel Mitarbeiter: Mit Ihren Vorgesetzten können Sie sprachlich wie mit Investoren umgehen. Gleichrangige Mitarbeiter, die Ihre Karriere gefährden könnten, bezeichnen Sie dagegen als →karrieregeile →Workaholics oder als →Theoretiker mit →gut gemeinten (aber natürlich völlig unbrauchbaren) Ideen. Auch Ihre Untergebenen motivieren Sie mithilfe der Manager-Sprache, beispielsweise indem Sie sie mit dramatischen Anglizismen vom Ernst der Lage überzeugen: Ersetzen Sie einfach das Ende einer Frist durch eine →Deadline und eine Arbeitsgruppe durch eine →Task Force. Wenn Sie dann noch eine langweilige Klausurtagung als →Boot-Camp deklarieren, werden Ihre Mitarbeiter nicht mehr zu bremsen sein.

Beispiel Öffentlichkeit: Sobald Sie Ihre → Mitbewerber des →Dumpings bezichtigen oder Ihnen vorwerfen, einen →Preiskrieg angezettelt zu haben, dann wird eine empörte Öffentlichkeit nicht mehr lange auf sich warten lassen. Etwas schwieriger wird es natürlich, wenn es um den drohenden Verlust von Arbeitsplätzen in Ihrem Unternehmen geht, doch mit dem Begriff →Stellenabbau (anstatt Entlassungen) gehen Sie dem Schlimmsten aus dem Weg. Falls Sie dann noch in die Offensive gehen wollen, dann bezeichnen Sie Ihre Mitbewerber als →Abzocker, →Billigheimer oder →Gemischtwarenladen.

Sie sehen also, die vor Ihnen stehende Aufgabe ist durchaus zu bewältigen, sobald Sie die Begriffe der Manager-Sprache in Ihren Wortschatz aufgenommen haben. Trotz allem wünschen wir Ihnen natürlich möglichst wenige →Kostenüberschüsse, →Nullwachstümer, →Mehrheitsbeteiligungen und Trennungen im →gegenseitigen Einvernehmen. Falls sich dieser Wunsch nicht erfüllt, dann wissen Sie ja nun, wie Sie sich aus der Affäre ziehen können.

Friedrich Dürrenmatt

Tragödie und Komödie — 1966

Schiller schrieb so, wie er schrieb, weil die Welt, in der er lebte, sich noch in der Welt, die er schrieb, die er sich als Historiker erschuf, spiegeln konnte. Gerade noch. War doch Napoleon vielleicht der letzte Held im alten Sinne. Die heutige Welt, wie sie uns erscheint, läßt sich dagegen schwerlich in der Form des geschichtlichen Dramas Schillers bewältigen, allein aus dem Grunde, weil wir keine tragischen Helden, sondern nur Tragödien vorfinden, die von Weltmetzgern inszeniert und von Hackmaschinen ausgeführt werden. Aus Hitler und Stalin lassen sich keine Wallensteine mehr machen. Ihre Macht ist so riesenhaft, daß sie selber nur noch zufällige, äußere Ausdrucksformen dieser Macht sind, beliebig zu ersetzen, und das Unglück, das man besonders mit dem ersten und ziemlich mit dem zweiten verbindet, ist zu weitverzweigt, zu verworren, zu grausam, zu mechanisch geworden und oft einfach auch allzu sinnlos. Die Macht Wallensteins ist eine noch sichtbare Macht, die heutige Macht ist nur zum kleinsten Teil sichtbar, wie bei einem Eisberg ist der größte Teil im Gesichtslosen, Abstrakten versunken. Das Drama Schillers setzt eine

Wallensteine
→ Seite 175

sichtbare Welt voraus, die echte Staatsaktion, wie ja auch die griechische Tragödie. Sichtbar in der Kunst ist das Überschaubare. Der heutige Staat ist jedoch unüberschaubar, anonym, bürokratisch geworden, und dies nicht etwa nur in Moskau oder Washington, sondern auch schon in Bern, und die heutigen Staatsaktionen sind nachträgliche Satyrspiele, die den im Verschwiegenen vollzogenen Tragödien folgen. Die echten Repräsentanten fehlen, und die tragischen Helden sind ohne Namen. Mit einem kleinen Schieber, mit einem Kanzlisten, mit einem Polizisten läßt sich die heutige Welt besser wiedergeben als mit einem Bundesrat, als mit einem Bundeskanzler. Die Kunst dringt nur noch bis zu den Opfern vor, dringt sie überhaupt zu Menschen, die Mächtigen erreicht sie nicht mehr. Kreons Sekretäre erledigen den Fall Antigone. Der Staat hat seine Gestalt verloren, und wie die Physik die Welt nur noch in mathematischen Formeln wiederzugeben vermag, so ist er nur noch statistisch darzustellen. Sichtbar, Gestalt wird die heutige Macht nur etwa da, wo sie explodiert, in der Atombombe, in diesem wundervollen Pilz, der da aufsteigt und sich ausbreitet, makellos wie die Sonne, bei dem Massenmord und Schönheit eins werden. Die Atombombe kann man nicht mehr darstellen, seit man sie herstellen kann. Vor ihr versagt jede Kunst als eine Schöpfung des Menschen, weil sie selbst eine Schöpfung des Menschen ist. Zwei Spiegel, die sich ineinander spiegeln, bleiben leer.

Das Mittel nun, mit dem die Komödie Distanz schafft, ist der Einfall. Die Tragödie ist ohne Einfall. Darum gibt es auch wenige Tragödien, deren Stoff erfunden ist. Ich will damit nicht sagen, die Tragödienschreiber der Antike hätten keine Einfälle gehabt, wie dies heute etwa vorkommt, doch ihre unerhörte Kunst bestand darin, keine nötig zu haben. Das ist ein Unterschied. Aristophanes dagegen lebt vom Einfall. Seine Stoffe sind nicht Mythen, sondern erfundene Handlungen,

Satyrspiele
→ Seite 175

Schieber
jemand, der in wirtschaftlichen Krisenzeiten unsaubere Geschäfte macht

Kreon
König von Theben

Antigone
→ Seite 175

Aristophanes
→ Seite 175

die sich nicht in der Vergangenheit, sondern in der Gegenwart abspielen. Sie fallen in die Welt wie Geschosse, die, indem sie einen Trichter aufwerfen, die Gegenwart ins Komische, aber dadurch auch ins Sichtbare verwandeln. Das heißt nun nicht, daß ein heutiges Drama nur komisch sein könne. Die Tragödie und die Komödie sind Formbegriffe, dramaturgische Verhaltensweisen, fingierte Figuren der Ästhetik, die Gleiches zu umschreiben vermögen. Nur die Bedingungen sind anders, unter denen sie entstehen, und diese Bedingungen liegen nur zum kleineren Teil in der Kunst.

fingierte erdichtete, erfundene
Ästhetik Lehre vom Schönen; Kunsttheorie

Die Tragödie setzt Schuld, Not, Maß, Übersicht, Verantwortung voraus. In der Wurstelei unseres Jahrhunderts, in diesem Kehraus der weißen Rasse, gibt es keine Schuldigen und auch keine Verantwortlichen mehr. Alle können nichts dafür und haben es nicht gewollt. Es geht wirklich ohne jeden. Alles wird mitgerissen und bleibt in irgendeinem Rechen hängen. Wir sind zu kollektiv schuldig, zu kollektiv gebettet in die Sünden unserer Väter und Vorväter. Wir sind nur noch Kindeskinder. Das ist unser Pech, nicht unsere Schuld: Schuld gibt es nur noch als persönliche Leistung, als religiöse Tat. Uns kommt nur noch die Komödie bei. Unsere Welt hat ebenso zur Groteske geführt wie zur Atombombe, wie ja die apokalyptischen Bilder von Hieronymus Bosch auch grotesk sind. Doch das Groteske ist nur ein sinnlicher Ausdruck, ein sinnliches Paradox, die Gestalt nämlich einer Ungestalt, das Gesicht einer gesichtslosen Welt, und genauso wie unser Denken ohne den Begriff des Paradoxen nicht mehr auszukommen scheint, so auch die Kunst, unsere Welt, die nur noch ist, weil die Atombombe existiert: aus Furcht vor ihr.

apokalyptischen das Weltende betreffenden
Hieronymus Bosch niederländischer Maler (1450–1516)

Doch ist das Tragische immer noch möglich, auch wenn die reine Tragödie nicht mehr möglich ist. Wir können das Tragische aus der Komödie heraus erzielen, hervorbringen als einen schrecklichen Moment, als einen sich öffnenden Abgrund, so sind ja schon viele Tragödien Shakespeares Komödien, aus denen heraus das Tragische aufsteigt.

(Text aus lizenzrechtlichen Gründen in alter Rechtschreibung)

Peter Bekes

Leitfragen zur Analyse einer Dramenszene — 2005

1. Inhaltliche Sicherung

Welche Schwierigkeiten hatten Sie beim Lesen und Verstehen des Textes?

Was ist Ihnen aufgefallen?

Welche Informationen über Figuren, Zeit, Ort und Handlung kann man dem Szenenbeispiel entnehmen?

Worum geht es in dieser Szene?

2. Regieanweisungen

Wie groß ist der Anteil an außersprachlicher Handlung?

Was erfährt man über Gestik und Mimik der Figuren?

In welcher Beziehung stehen die Figuren zueinander?

3. Dialogverlauf

Wie groß sind die Redeanteile der Figuren?

Dominiert eine Figur?

Welche Figur ergreift die Initiative?

Welche beendet das Gespräch?

Kann man Gesprächsphasen unterscheiden?

Welche Konflikte prägen das Gespräch?

Gibt es einen Wendepunkt?

4. Sprechakte

Welche Sprechakte dominieren?
Gehen die Gesprächspartner aufeinander ein?
Welche Absichten verfolgen die Gesprächspartner?
Mit welchen argumentativen Strategien arbeiten sie?
Welchem Typ könnte man das Gespräch zuordnen (z. B. Streitgespräch, Verhandlung, Konversation)?

5. Sprachlich-stilistische Mittel

Auf welchem Sprachniveau entwickelt sich das Gespräch?
Welche Wörter werden wiederholt, welche ausgelassen?
Welche Bilder werden verwendet?
Arbeitet der Verfasser mit Figuren des Kontrastes bzw. der Steigerung?
Wie sind die Sätze gebaut?

6. Resultate

Zu welchem Ergebnis führt das Gespräch?
Gibt es eine Problemlösung?
Welche Konsequenzen ergeben sich aus dem Gespräch?
Wie beeinflusst die Szene den weiteren Handlungsverlauf des Stückes?
Welche Funktion hat die Szene im Gesamtgefüge des Stückes?

Arbeitsanregungen

1. Wie unterscheiden sich nach Friedrich Dürrenmatt Tragödie und Komödie? Warum kann es seiner Meinung nach heute keine reine Tragödie mehr geben?

2. Welche kömödienhaften Züge entdecken Sie in dem Stück »Republik Vineta«, welche tragischen? Welche überwiegen Ihrer Meinung nach?

3. Moritz Rinke vermeidet die Zuordnung seines Stückes zu einer bestimmten Kategorie. Der Titel lautet: »Republik Vineta. Ein Stück in vier Akten«. Wie würden Sie Rinkes Stück charakterisieren? Ist es für Sie eher eine anspielungsreiche Boulevardkomödie, eine Tragödie aus der gegenwärtigen Berufs- und Arbeitswelt oder eine Parabel auf das Scheitern von Utopien?

4. Analysieren Sie das Gespräch zwischen Feldmann-See und seiner Frau (S. 61–65) und ordnen Sie es in den Gesamtzusammenhang des Dramas ein. Nutzen Sie dazu die Leitfragen für die Analyse von Dramenszenen (S. 157f.).

5. Wie beurteilen Sie das Dramenende? Skizzieren Sie andere Schlussvarianten.

Wirkung und mediale Gestaltung

»Republik Vineta« in der Schule — 2003

Die folgenden Fragen und Antworten stammen aus einem Interview, das Rudolf Denk und Klaus Hoggenmüller mit Moritz Rinke im Mai 2003 im Freiburger Stadttheater führten.

Rudolf Denk: Ich glaube, dass man gerade »Republik Vineta« in die Schule hineinbringen könnte.

Moritz Rinke: Ja, da bin ich auch sehr froh. Und ich habe mich ja auch sehr gefreut, dass es hier in Freiburg auch unter Schülern und Studenten besprochen wird. Man kann an solchen Stücken dann eben auch über die Arbeitsgemeinschaft diskutieren und über den ausblutenden Kapitalismus, über das Ende der Arbeit, auch über Globalisierung und über all diese Themen, die sich anbieten: Utopie, Werte, »Was glauben wir noch?« Das sind alles Themen, die ja gerade für die Oberstufe und für Studenten wichtig sind. Letztere Themen habe ich auch in den »Nibelungen« anklingen lassen. Das war ja auch ein Stoff, der sich für Schulen eignet, weil es so ein bekannter Sagen-Stoff ist. […]

Klaus Hoggenmüller: Wir haben dir Beispiele von Studentinnen mitgebracht, die sich produktionsorientiert mit deinem Stück auseinander gesetzt haben. Die haben neue Texte geschrieben: Monologe, Dialoge, Lebensläufe, Biografien, oder sie haben Plakate entworfen. Hier. *(Vgl. Abb. S. 113)*

M. R.: Ah, das ist schön.

K. H.: Wie gefallen dir die Plakate?

M. R.: Also ich bin ja ganz entzückt von deren Fantasie.

K. H.: Moritz, können Kaffeemaschinen denken?

M. R.: Sie können zumindest für allerlei Slapstick sorgen. Auf der Bühne. Also der Kaffeeautomat in Hamburg, an den ich mich erinnere, war so ziemlich der Brüller. Das sind natürlich so kleine Sachen, wo man anknüpft an Jugendbilder: »Kottan ermittelt«, wo zuerst der Kaffee kam und dann der Becher. [...]

K. H.: Ich lese dir mal aus dem Monolog des Kaffeeautomaten vor: »Vorher, also bevor ich hierher kam, da stand ich in einer Schule. Jeden Tag kamen Hunderte, mindestens. Die haben das geschafft, aber diese Männer sind nicht in der Lage mir einen gewöhnlichen Kaffee zu entlocken. Vergessen mich einzuschalten. Ganze Bohnen fallen in die Tasse, oder man drückt auf Kamillentee. Habe ich überhaupt eine Taste Kamillentee? Die machen mich irre. Natürlich wäre es schön eine solche Taste zu besitzen für diese Art von Herren.« Das war von einer Studentin. Hat sie deinen Kaffeeautomaten getroffen?

M. R.: Sehr originell.

K. H.: Hier mögliche weitere Schreibanlässe zu deinem Stück: Erster Akt, Szene Null, Robert Leonhard und Nina Seiler.

M. R.: Ah, die schreiben sich in die Lücken hinein?

K. H.: Oder schreiben sie um! Was ich auch eine tolle Idee fand, war die genaue Beschreibung des Themenparks. Da bleibst du ja eher vage.

M. R.: Das sind aber genau die Momente, die ich mir wünsche. Man kann ja nicht alles selber in einem Drama sagen, sonst gehen die Leute nach Hause und machen sich keine weiteren Gedanken. Und wenn Schüler die Szenen weiterschreiben, haben sie ja Fantasie, Co-Fantasie. Dann hat das ja genau funktioniert: Was kommt denn in einen Themenpark rein, und dann heißt das ja auch, dass wir den eigent-

Slapstick **komischer Einfall, Gag**

»Kottan ermittelt« **satirisch-ironische Krimiserie im deutschen Fernsehen**

M

lich noch brauchen? Dann ist genau das erreicht. Nämlich, dass man genau wie die Männer – im besten Sinne – jetzt an diesem Themenpark baut. Das merke ich jetzt auch in der Kino-Verfilmung von dem Stück. Der Themenpark ist wie ein Trichter.

K. H.: Die Stadt Weinheim interessiert dich?

M. R.: Die Stadt Weinheim als solche? Also, ich wollte einfach eine Stadt mit einem Berg.

K. H.: Johann Behrens kommt aber aus Weinheim. Hier: »Johann Behrens wurde so etwa vor 45 Jahren in der Stadt Weinheim geboren. Er hat keine Geschwister. Seine Eltern sind beide Lehrer. Johanns Lieblingsfächer waren Mathe, Geschichte und Gemeinschaftskunde. Er war ein unruhiger Schüler, konnte sich schlecht konzentrieren. Mit der Hilfe der Eltern erlangte er immerhin das Abitur, wenn auch nur knapp. Dennoch war er ein unbeliebter Kerl, der immer große Sprüche klopfen musste und noch Streiche spielte. Passierte irgendetwas, dann hatte er nichts damit zu tun und schob die Schuld auf seine Mitschüler. … Er arbeitete jahrelang mit all seinen Kräften für die Gemeinde, dabei verfolgte er das ferne Ziel, eine Bürgermeisterwahl für sich zu entscheiden. Er stand nicht schlecht da und hatte sich einen Namen gemacht. Er gewann einige Jahre später die Wahl und wurde Bürgermeister von Weinheim. Voller Eifer stürzte er sich von einem Projekt in das andere. Der Gemeinde bekam sein Einsatz sehr gut. Johann verbesserte viel, langsam schien ihm aber die ganze Sache zu Kopf zu steigen. Er plante und plante. Viele Projekte waren überflüssig und unnütz. Johann verhielt sich gerade so, als wäre er der Bürgermeister Berlins. Seine Wähler verstanden die Welt nicht mehr. Johann kam aus dem Planen und Konstruieren nicht mehr heraus. Er saß Tag und Nacht vor irgendwelchen Plänen, Skizzen und Karten.

Seine Eltern veranlassten schließlich die Einweisung bei Herrn Dr. Leonhardt. ...« Also, da siehst du, was man mit einem fiktiven Bürgermeister aus Weinheim anrichten kann und was dann freigesetzt wird.

M.R.: Aber das ist sehr überzeugend und ähnlich wie bei der Verfilmung; da gehen sie ähnlich vor. Die machen eine »Outline« von jeder Figur. Und da sagt man und erzählt genau das, was im Theaterstück nicht vorkommt. Man muss ja filmisch darstellen, wo kommen die alle her, und es wird genau gezeigt, wie Behrens in Weinheim lebt. Allerdings ist es in dem Film so, dass die Mutter so ehrgeizig ist, dass sie ihren Sohn Johann ins Sonderprojekt schickt. In Weinheim ist sie nach außen dann weiter wer, nachdem ihr Sohn nämlich wegen Steuerhinterziehung verhaftet wurde.

Outline
Charakterskizze

K. H.: Wie fühlt man sich bei dem Gedanken, in Hochschule oder Schule durchgenommen zu werden?

M.R.: Ich gehe gern in Schulen. Da kommen nämlich genau die Fragen, die so bar jedes Kulturgeraunes und so erfrischend sind. Ich habe z.B. ein Nibelungenseminar gemacht, mit 18-jährigen Schülern. In Berlin. Und da kamen sehr wache, anregende und oft ganz naive Fragen, die auch mich weitergeführt haben. Natürlich denkt man dabei immer, was man selber damals im Unterricht gemacht hat. Was war denn dein Abiturthema? Wir hatten damals *Dürrenmatt* und *Brecht*. Ich hätte es toll gefunden, wenn da plötzlich jemand durch die Tür gekommen wäre, der Stücke schreibt. Nach dem Seminar haben sich dann drei Schüler bei mir gemeldet und haben auch Entwürfe geschickt. Ich selbst war sehr froh gewesen, dass ich in der Schule jemanden hatte, Bert Blumenthal, der mich im Literaturunterricht angeregt hat. Und ich gebe das gern weiter, wenn ich das kann.

M

Peter Iden

Die Wirklichkeit ist auch nur ein Wahn ——— 2000

Bei den beiden folgenden Texten handelt es sich um Rezensionen der Uraufführung von »Republik Vineta« am Thalia Theater in Hamburg im Herbst 2000. Sie stammen aus verschiedenen Zeitungen.

Der richtige Ort mitten im Falschen: »Vineta« soll er heißen, nach der sagenumwobenen, untergegangenen Insel, mit der sich Vorstellungen von Reichtum, idealer Ordnung und glücklichem Leben verbinden. Diesen Traumort neu zu erschaffen, auf einem Eiland im Bottnischen Meerbusen, hat sich in einer abgelegenen Villa in der Nähe von Gotha in Ostdeutschland eine Gruppe von Experten zusammengefunden. Einer ist Unternehmensberater, einer Architekt, ein dritter Bauleiter, es gibt einen Fachmann für die Vermittlung von Arbeitskräften, ein Kapitän ist zuständig für die Logistik und auch ein Kommunalpolitiker gehört zum Planungsstab. Unter Anleitung eines Leonhard und seiner Assistentin wird projektiert und koordiniert, kalkuliert und organisiert. Bauten werden entworfen und Transportschiffe übers Meer geschickt. Hektisch geht es zu, die Männer sprechen den Jargon von Experten, durchsetzt von vielen chiffrierten Kürzeln, etwas ganz Neues soll entstehen. Manchmal streitet sich die Gruppe über ein Detail, doch hält die Verpflichtung auf das gemeinsame große Ziel sie zusammen, ihre »Republik Vineta«.

Logistik Transportorganisation

Für einige Zeit kann man diesem Planungs-Enthusiasmus in dem Stück von Moritz Rinke durchaus auf den Leim gehen, zumal die Uraufführung Stephan Kimmigs am Hamburger »Thalia Theater« mit vielen sorgfältig gearbeiteten und intelligent pointierten Auftritten zunächst nahe legt, es stünde auf der Bühne tatsächlich ein zwar abenteuerliches und mysteriöses, gleichwohl jedoch denkbares Vorhaben zur Diskussion. Aber dann mehren sich die Anzeichen dafür, dass hier etwas nicht stimmt. Zum Beispiel sind die so geschäftigen Planer von der Außenwelt abgeschnitten. Und allmählich fällt auf, dass das Projekt seltsam grundlos ist: Immer kühnere Visionen erfassen die besessene Gruppe. So will etwa der in den Stab abgestellte Kommunalpolitiker die Insel durch einen Tunnel mit dem Festland verbinden, nach dem Muster einer Verkehrsführung, die er schon ins seinem Heimatstädtchen nicht hatte durchsetzen können. Und dass der zuletzt hinzugekommene junge Architekt den gesamten Entwurf der Bebauung plötzlich umwerfen darf, ist auch nicht gerade ein Indiz für den Realitätsgehalt der Unternehmung.

Es kommt schließlich heraus, dass die Arbeit der Gruppe eine Art von Therapieprozess ist, dem der Projektleiter Leonhard die Männer unterzieht. Sie sind alle auf früheren Positionen Gescheiterte, die Simulation einer gemeinsamen Aufgabe soll ihnen helfen, den erlittenen Verlust an Wirkungsmöglichkeiten zu kompensieren, »den Aufprall abzufedern«, wie Leonhard formuliert. »Wenn ich heimkomme, Schätzchen, bin ich Geschichte«, habe er seiner Frau, erzählt der Kommunalpolitiker, zum Abschied noch zugerufen. Es ist dieses Selbstbewusstsein, das die Männer gewinnen sollen durch die nur für sie selbst nicht fingierte Verpflichtung auf das »Vineta-Projekt«. Was sich bis zur Aufdeckung des Therapie-Konzepts begibt, ist also alles nur Wahn. Aber es geht in dem geschlossenen System nur eingebildeter Herausforderungen so realistisch zu wie in der Praxis außerhalb: die gleichen Rivalitäten, Intrigen, Führungskämpfe. Rinkes Stück ist eine Spiegelung wahnhafter Zustände als Realität – aber ebenso eine kritische Reflexion realistischer Verhältnisse als Wahn.

kompensieren
ausgleichen

Wo verläuft die Trennlinie zwischen dem Virtuellen und dem Wirklichen? Wie viel ist schließlich immer Einbildung an der Bedeutung der Funktionen, die einer wahrnimmt? Was ist geworden aus der Utopie und wie leben wir in diesem Gemenge? Das sind hier die Fragen. Sie entziehen die Komödie dem bloß Scherzhaften, als das sich das Treiben der Planungsgruppe bald darstellt. Der Witz ist, dass wir alle gemeint sind und jederzeit mitspielen. Seit Dürrenmatt hat keiner so wie Rinke die Farce als Wahrheit und die Wahrheit als Farce erfasst – und das Theater verstanden als das Medium, in dem die Illusion und deren Widerruf einander ständig bedingen.

Die Aufdeckung des Gedankens der Verführung zur Selbsttäuschung mit dem Ziel der Selbstrettung wird in der Inszenierung Stephan Kimmigs in Gang gebracht durch eine Szene, die von Hildegard Schmahl und Hartmut Schories wunderbar zart, mit einer bewegenden Inständigkeit erspielt wird. Schories gibt den Kapitän, einen Mann von eher harschem Wesen. Er organisiert die überseeischen Transporte, um ihn beschäftigt zu halten, hat der therapeutische Übervater ihm vorgetäuscht, eines der Schiffe sei gesunken, und die Logistik müsse neu durchdacht werden. Nun taucht aber Hildegard Schmahl als die Ehefrau des Kapitäns in der Villa mit der Nachricht auf, sie habe das angeblich untergegangene Schiff gerade eben selber noch gesehen.

Ganz und gar eingeschlossen in seiner Vorstellungswelt kann das den Mann aber nicht irritieren. Seine Frau möchte ihn überreden, ihr nach Hause zu folgen. Er besteht jedoch auf Erfüllung seiner Aufgaben. Behutsam entwirft nun die Schmahl das Bild einer Ehe, die immer bestimmt war von solchen Trennungen, innerhalb der Handlung des Stücks wird das zu einer eigenen Geschichte, der Geschichte einer abständigen Liebe. Sie erreicht nicht, dass der Mann seiner Frau folgt. Und doch ist es ein anderer, der sich dann zurückbegibt zu seiner Arbeit. Zugleich wissen wir jetzt, was es auf sich hat mit diesem Vineta. Immer wieder glänzt Kimmigs Inszenierung mit solchen Binnenzeichnungen von Situationen, in denen die Figuren nicht einmal momentweise karikierend vergröbert werden. [...]

Es ist Rinke nicht leicht gefallen, seine Personen zu verlassen. Der letzte Akt, in dem, nach der Entdeckung des Fiktiven ihres Vorhabens und dem Selbstmord eines Gruppenmitglieds, die Übrigen sich eigenständig in den neuen Wahn der Gründung einer »Weltakademie« hineinsteigern, zieht sich ein wenig. Nichts ändert das aber an dem Eindruck der hohen Qualität eines Stücks und einer Aufführung, mit denen das Thalia [...] nun die neuen Zeiten so genau markiert und für sich so überzeugend geöffnet hat, wie sich das nur denken lässt.

Gottfried Krieger

Karikaturen im Menschenzoo ____ 2000

»Republik Vineta« von Moritz Rinke ist ein schwaches Stück. Manager, die am Reißbrett die Utopie einer idealen Stadt entwerfen. Der Plot schafft vor allem Platz für so erhellende Erkenntnisse wie diese, dass Männer in leitenden Positionen nur scheinbar stark sind, viel lieber aber schwach sein möchten, Wirtschaftskapitäne egomanisch, Vertreter der so genannten New Economy hektisch auftreten und Politiker am liebsten Sprechblasen von sich geben. Das mag in der Realität so sein, im Theater mutieren die Figuren zu bloßen Karikaturen. Sprachlich quält sich das Auftragswerk zwischen krampfhaften Gags und dem Versuch, Managerdeutsch zu imitieren, dahin.

Plot
Handlungsgerüst eines Textes

Republik Vineta. Szenenfotos

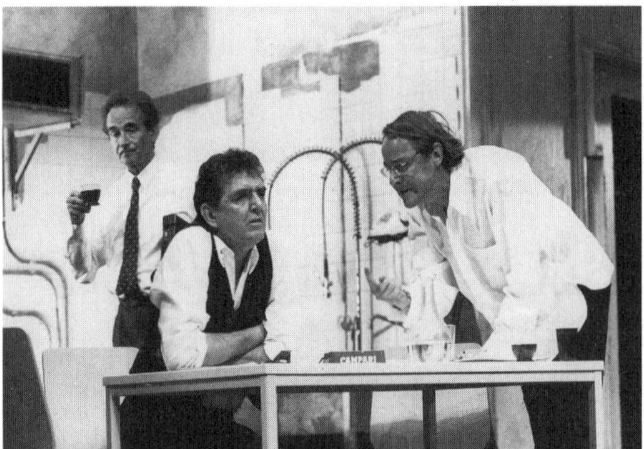

M

Arbeitsanregungen

1. In dem Interview »Republik Vineta in der Schule« werden verschiedene Schreibanlässe zur inhaltlichen Fortführung einzelner Szenen genannt. Was halten Sie davon? Welche anderen könnten Sie sich vorstellen?

2. Mit welchen Szenen/Situationen des Stückes sorgt Moritz Rinke für »allerlei Slapstick« (S. 161)? Was versteht er darunter und wie schätzen Sie dies ein?

3. Ordnen Sie die Szenenfotos in den Textzusammenhang ein. Welche Szenen werden dargestellt? Finden Sie die Darstellungen treffend?

4. Der Rezensent Peter Iden stellt fest: »Aber es geht in dem geschlossenen System nur eingebildeter Herausforderungen so realistisch zu wie in der Praxis außerhalb.« Zeigen Sie diese realistischen Züge des Stücks auf.

5. Setzen Sie sich mit den Behauptungen des Rezensenten Gottfried Krieger auseinander (S. 167) und schreiben Sie an die Zeitung einen Leserbrief, in dem Sie Ihre Meinung zu seinen Behauptungen darlegen.

Textquellen

Bekes, Peter: Leitfragen zur Analyse einer Dramenszene. Originalbeitrag.

Dürrenmatt, Friedrich: Tragödie und Komödie. Aus: F. D.: Theaterschriften und Reden. Zürich: Diogenes 1986. S. 120ff.

Goeudevert, Daniel: Der »Nestbeschmutzer«. Aus: D. G.: Wie ein Vogel im Aquarium. Aus dem Leben eines Managers. Reinbek bei Hamburg: Rowohlt 1998.

Iden, Peter: Die Wirklichkeit ist auch nur ein Wahn. Aus: »Frankfurter Rundschau« vom 25.9.2000. S. 11.

Krieger, Gottfried: Karikaturen im Menschenzoo. Aus: Stuttgarter Zeitung vom 25.9.2000.

Michal, Wolfgang: Mythos Vineta. Aus: Geo Special Heft 3/1998. S. 85f.

Moritz Rinke. Biografie. Originalbeitrag.

Morus, Thomas: Utopia. Aus: Th. M.: Utopia. Übersetzt von Gerhard Ritter. Stuttgart: Reclam 1983. S. 58ff.

Popper, Karl: Kritik am utopischen Denken. Aus: K. P.: Utopie und Gewalt (Vortrag, gehalten in englischer Sprache 1947). © 1975 by Sir Karl Popper. Zit. nach: Konzepte 4. Zukunft des Menschen. Erarbeitet von Helmut Buchner, Valentin Klingel und Gebhard Neumüller. Frankfurt/M.: Verlag Moritz Diesterweg und München: Kösel Verlag 1978. S. 23.

»Republik Vineta« in der Schule. Aus: Deutschunterricht H. 4/2003. S. 51f.

Rinke, Moritz: »Die Wahrheit liegt im Ofen«. Aus: Hamburger Abendblatt vom 22.9.2004. S. 8.

Rinke, Moritz: »Ich saß gerade im Volksparkstadion ...«. Aus: Die Welt vom 22.9.2000.

Rinke, Moritz: Welcome Future: www.meeting-the-best.de. Aus: M. R.: Der Blauwal im Kirschgarten. Erinnerungen an die Gegenwart. Copyright © 2001 by Rowohlt – Berlin Verlag GmbH, Berlin. S. 18–23. Erstveröffentlichung in »Der Tagesspiegel« vom 3.4.2000.

Schmeh, Volker: Top Manager in 7 Tagen. Ein Sprachkurs für Anfänger und Fortgeschrittene. Frankfurt/M.: Eichborn 2002. S. 5–7.

Schneider, Wolf/Fasel, Christoph: Schöne neue Kunstwelt. Aus: Spiegel Special 8/1995. S. 31ff.

Schwartz, Tony: »Mein Name ist Tony, und ich bin ein Workaholic.« Aus: www.fastcompany.com. Zit. nach: Republik Vineta. Programmheft. Hrsg. von den Städtischen Bühnen Münster. Münster 2002. S. 25.

Sywottek, Christian: Was Neuland ist, wird in China betreten. Aus: »Der Standard« (Österreich) vom 27.12.2003.

Von süchtigen Männern. Ein Interview. Aus: Deutschunterricht. H. 4/2003. S. 50f.

Voß, Johann: wahrnehmung. Aus: J. V.: meine mündigkeit. Göttingen 1980.

Widmer, Urs: Top Dogs. Aus: U. W.: Top Dogs. Frankfurt/M.: Verlag der Autoren 1997. S. 7–14.
Zimmer, Dieter E.: Stellenteil. Aus: Jahrbuch der Lyrik. München: Claassen 1979.

Bildquellen

Seite 102: Moritz Rinke. Foto: Birgit Kleber, Berlin.
Seite 113: Collage unter Verwendung eines Bildes von Dieter Ziegenfeuter, Dortmund.
Seite 119: Konferenzzimmer. VISUM Fotoagentur.
Seite 127: Zeigefinger nach unten. Aus: Top Dogs von Urs Widmer. Programmheft. Hrsg. von den Städtischen Bühnen Münster. Münster 1998. S. 45.
Seite 130: »Bildstörung«. Aus: Praxis Deutsch. Sonderheft 1981. S. 90.
Seite 134: Agnes Auffinger: Der Architekt, 1970. © Agnes Auffinger.
Seite 139: Karte von Abraham Ortelius von 1584. Aus: Wladislaw Filipowiak/Heinz Gundlach: Wolin. Vineta. Die tatsächliche Legende vom Untergang und Aufstieg der Stadt. © Hinstorff Verlag GmbH: Rostock 1992. S. 129.
Seite 147: Giorgio de Chirico: Die Rückkehr des Odysseus (1968). Artothek.
Seite 168 o.: Szenenfoto aus der Aufführung am Maxim Gorki Theater in Berlin am 31.5.2002. Foto: Claudia Esch-Kenkel. Bild-Bühne Theaterfotografie.
Seite 168 u.: Szenenfoto aus der Hamburger Uraufführung von »Republik Vineta« am 24.9.2000 im Hamburger Thalia Theater. Aus: Hamburger Abendblatt vom 25.9.2000. Foto: Friedemann Simon.
Seite 169: Szenenfoto aus der Hamburger Uraufführung von »Republik Vineta« am 24.9.2000 im Hamburger Thalia Theater. picture-alliance/dpa. Foto: Ulrich Perrey.

Anmerkungen

S. 12
Napoleon Französischer Kaiser (1769–1821), zog 1812 nach Russland und wurde bei Borodino geschlagen.

S. 12
Barock Durch üppige Formen geprägter Baustil.

S. 12
Klassizismus Baustil mit strengen, gegliederten Formen.

S. 13
Gegenmoderne Konservativer Stil, der sich gegen moderne Kunstrichtungen wendet.

S. 15
Vineta Der Sage nach vom Meer verschlungene Stadt an der Ostsee.

S. 18
Konrad Lorenz Biologe und Verhaltensforscher (1903–1989).

S. 19
Buddhisten Anhänger der von Buddha (gest. ca. 480 v. Chr.) gegründeten Heilslehre.

S. 19
Mao Mao Tse-tung (1893–1976), kommunistischer Revolutionär und Politiker in China.

S. 20
Guillotinen Fallbeile zum Enthaupten, in Frankreich 1792 eingeführt auf Antrag des Arztes Guillotin (1738–1814).

S. 21
Niagara-Fälle Wasserfälle am Niagara River in Kanada.

S. 26
Globalisierungsfalle Für Industrieländer kaum vermeidbare negative ökonomische/politische Auswirkungen durch die Auslagerung der Produktion in Billiglohnländer.

S. 30
Beaufort-Skala Zwölfteilige Skala zur Messung von Windstärken, 1806 von dem englischen General Beaufort aufgestellt.

S. 30
Lenin Wladimir Iljitsch Lenin (1870–1924), Gründer der Sowjetrepublik.

S. 49

Fidel Castro Kubanischer Revolutionär und Politiker (geboren 1927).

S. 49

Kuba-Krise Politischer Konflikt zwischen den USA und der Sowjetunion im Jahr 1962 wegen der geplanten Stationierung von Sowjetischen Raketen auf Kuba.

S. 50

August Bebel Deutscher Politiker (1840–1913); Begründer der Sozialdemokratischen Arbeiterpartei.

S. 60

Sirenen Weibliche griechische Sagengestalten, die vorbeifahrende Seeleute mit betörendem Gesang anlocken und töten.

S. 64

Panama-Kanal Kanal, der den Pazifischen und den Atlantischen Ozean miteinander verbindet.

S. 74

Tischbein Malerfamilie des 18. und 19. Jahrhunderts: 1. Johann Heinrich Tischbein, der »Kasseler« (1722–1789), 2. Johann Friedrich August Tischbein, der »Leipziger« (1750–1812), 3. Johann Heinrich Wilhelm Tischbein, der »Goethe-Tischbein« (1751–1829).

S. 80

Jungfau von Orléans Jeanne d'Arc, französische Nationalheldin (1412–1432).

S. 88

Akropolis Auf einem Hügel gelegene Burg (z. B. in Athen).

S. 91

Charles Darwin Englischer Biologe und Forscher (1809–1880), Begründer der Evolutionstheorie, der Theorie zur stammesgeschichtlichen Entwicklung der Lebewesen.

S. 95

ökologische Ethik Philosophische Disziplin, die sich mit der Verantwortung des Menschen für die Umwelt auseinander setzt.

S. 97

Nils Holgersson Held eines Kinderbuches der schwedischen Dichterin Selma Lagerlöf (1848–1940).

S. 104

Sepp Herberger Josef Herberger (1897–1977), Trainer der deutschen Fußballnationalmannschaft. Unter seiner Leitung gewann die deutsche Fußballnationalmannschaft in Bern 1954 die Weltmeisterschaft.

S. 110

Kafka Franz Kafka (1883–1924), bedeutender Dichter der deutschen Literaturgeschichte.

S. 116

Peter Glotz Deutscher Politikwissenschaftler und Politiker, Mitglied der SPD (1939–2005).

S. 154

Wallensteine Albrecht von Wallenstein (1585–1634), Herzog von Friedland, Feldherr im Dreißigjährigen Krieg.

S. 155

Satyrspiele Heitere Spiele mythologischen Inhalts, die rituell nach drei Tragödien im antiken Griechenland aufgeführt wurden.

S. 155

Antigone Tochter des Ödipus, bestattete gegen das Verbot Kreons ihren Bruder Polyneikes und wurde dafür mit dem Tode bestraft.

S. 155

Aristophanes Größter Dichter der attischen Komödie (ca. 445 v. Chr.–388).